COMENTARIO DE TEXTOS LITERARIOS

MARÍA DEL CARMEN BOBES NAVES

Comentario
de textos literarios .

Método semiológico

CUPSA EDITORIAL   MADRID

cupsa/universidad de oviedo
CATEDRA DE CRITICA

Dirección: MARÍA DEL CARMEN BOBES NAVES
y ANTONIO PRIETO

© María del Carmen Bobes Naves, 1978
Cupsa Editorial. Cristóbal Bordiú, 35, 2.° (207). Madrid-3
Diseño de colección: Hans Romberg. Montaje: Agustín Vidal
ISBN: 84-390-0093-6
Depósito legal: M. 34.462-1978
Impreso en España
Compuesto en Fernández Ciudad, S. L.
Estampación: Hijos de E. Minuesa, S. L. Ronda de Toledo, 24. Madrid-5

SUMARIO

INTRODUCCIÓN

A Maruja

PRESENTACIÓN

Reunimos en este volumen algunos comentarios de textos que hemos realizado en los últimos años aplicando el método semiológico de crítica literaria.

El método semiológico se concreta en la práctica del análisis condicionado por la especial naturaleza de los diferentes textos. Un conjunto de presupuestos y de teorías permiten la lectura de la obra literaria como un mensaje de valor autónomo, que crea su propia referencia, y es sémicamente polivalente.

Como es lógico, no todos los textos ofrecen la posibilidad de verificar de modo semejante todas las partes del método en su validez: unos se prestan mejor que otros, o más pertinentemente, para el estudio de determinados aspectos o de determinadas relaciones; el orden de las secuencias, la articulación de personajes, las visiones que estructuran la significación, el narrador, la forma de presentación, la inmanencia o la unidad semántica del conjunto, etcétera, están más claros en unos textos que en otros. Por ello resulta interesante reunir un conjunto de comentarios.

A lo largo de los años y a lo largo de los textos hemos podido comprobar que no existe un modelo general que explique satisfactoriamente todos los textos, ni siquiera todas las partes de un texto. Por el contrario, lo que hemos verificado continuamente es que cada una de las obras literarias resulta ser una variante de un hipotético modelo, más o menos amplio en su aplicación, que nunca se realiza totalmente. Un modelo establecido lógicamente, como abstracción de un número indeterminado de obras literarias, puede comprender y explicar a otras, pero ninguna se identifica plenamente con el modelo.

Algunos de los artículos que aquí incluimos han sido publicados en revistas y homenajes que, a veces, resultan de difícil acceso al lector, y como creemos que el conjunto puede ser útil, al menos con utilidad práctica de preparación de clases en la Facultad, y para ilustrar la teoría, y como además las diversas oportunidades ofrecidas por los textos concretos han ido constituyendo progresivamente un cuerpo de doctrina coherente y conformando un modelo de amplia aplicación, he decidido reunirlos y presentarlos en un volumen.

No hace mucho tiempo que fueron escritos los más viejos, por eso no hemos cambiado nada, ni siquiera aquella parte introductoria en la que se exponen las teorías que luego se aplican. Algunas de esas teorías son ya muy conocidas y no sería necesario incluirlas, no obstante las mantenemos como marco inmediato de su propia aplicación al texto específico.

El problema de la determinación de unidades de análisis, básico en el método semiológico y en cualquier otro método, lo hemos tratado de un modo directo en los tres primeros estudios a propósito de relatos leoneses de tipo tradicional y de algunos *enxiemplos* de *El conde Lucanor*, ya que por su carácter de «relatos de acción» se prestan bien para ilustrar este problema. No nos hemos limitado, sin embargo, a identificar las unidades en cada uno de ellos, sino que aprovechando las características es-

peciales de cada texto, hemos tratado de aclarar
otras cuestiones conexas, por ejemplo, la posibilidad
de descubrir una significación única bajo unidades
sémicas diferentes, lo que permite confirmar no sólo
la autonomía de la historia frente al discurso, sino
también la autonomía de los diversos niveles de
análisis (sintáctico y semántico principalmente). En
los relatos de don Juan Manuel puede comprobarse
la existencia y uso de tres sistemas sémicos diferentes (literario, sapiencial y conductista) para dar forma al mismo significado, otra cosa es que se consiga
o no, según demostrará en cada caso el análisis. En
estrecha relación con este problema se presentó,
como hipótesis, la posibilidad de verificar objetivamente la diferenciación y autonomía de la sintaxis
y la semántica como niveles de análisis reconocidos
por el método semiológico; el relato del emperador
Fradrique y de don Alvar Háñez presentaba indicios
interesantes para esta posibilidad que, efectivamente, confirmó el análisis. Y es que el método semiológico reconoce los tres niveles de análisis que pro-
puso Charles Morris para el estudio de cualquier
sistema de signos: sintáctico, semántico y pragmático. Los tres se admiten en el esquema metodo-
lógico porque el texto responde a ellos, no como
un esquema rígido e inamovible. Es sabido que un
análisis de cualquier orientación que sea fracciona,
divide, distingue partes, etc., en el objeto que estudia, y las partes pueden estar efectivamente se-
paradas en el objeto o pueden proceder de un esquema externo al objeto, como una red a través de
la cual se ve. Las dos situaciones son admisibles en
una investigación científica como método operativo:
la estructura puede estar realmente en la obra literaria, o en el sistema lingüístico, o puede ser una
proyección del método. En todo caso es indiferente,
si el objeto responde a ella y se explica en ella.

Nos parece, pues, sumamente interesante esa oportunidad que ofrece el relato de don Alvar Háñez y el emperador Fradrique de objetivar en la obra literaria la estructuración en niveles que había propuesto la semiología general para el estudio de cualquier sistema de signos. En otro relato quizá no sea posible verificar la existencia y autonomía de los tres niveles, porque puede estar estructurado como una variante en la que se ha anulado o se ha pasado a una situación de latencia cualquier indicio referente a una posible división. El relato de don Juan Manuel demuestra que los tres niveles de análisis no sólo son una estructura metodológica, sino también ontológica.

En el artículo cuarto tratamos de señalar los límites del método semiológico cuando se basa exclusivamente en unidades sintácticas como la función y la secuencia. En los relatos en los que no hay acción no resulta pertinente la función, en general, y se hace difícil encontrar una explicación o una lectura coherente aplicando ese modelo de análisis. Es necesario acudir a otros puntos de partida, y así lo hemos intentado al estudiar el relato de J. Cortázar, *Las babas del diablo*. Es un cuento que problematiza continuamente las formas de relatar, las posibles funciones y relaciones de los personajes, la funcionalidad de los mismos personajes, la realidad literaria y sus vinculaciones con una realidad exterior en varias historias que se ofrecen como posibles, pero nunca como reales en la misma ficción. La falta de adecuación del modelo funcional queda en seguida de manifiesto, y, por ello, tratamos de explicar el relato de Cortázar desde una *normalización* del texto narrativo, como propone Hendricks.

Hemos analizado en *Ligazón*, de Valle-Inclán, a los personajes como unidades sintácticas de articulación funcional. La riqueza y densidad que ofrece el personaje literario queda de manifiesto incluso tratándose de una obra tan corta como ésta. Si al analizar las funciones en los primeros relatos habíamos podido comprobar que según el punto de vista de un personaje agente o paciente respecto a determinada acción, podían darse variantes en el discurso, ahora, al estudiar directamente a los personajes como unidades sintácticas del relato, podemos verificar que su articulación en un esquema de relaciones entre ellos y respecto a las funciones, puede dar lugar a variantes tan diversas como las que se obtienen por la combinación de funciones. Un relato puede estructurarse, manteniendo las mismas funciones e incluso su orden, en forma muy diversa en razón de los personajes: por desdoblamiento de los actantes, por sincretismo entre dos, por latencia de alguno, etc.

El estudio de cuatro de las obras que componen el *Retablo de la avaricia, la lujuria y la muerte,* constituye otro de los artículos. Tratamos de ver en él si el discurso literario está de alguna manera enriquecido o limitado en su valor semántico por el «género» en que se manifieste. Es decir, tratamos de ver si el género literario condiciona de algún modo las posibilidades de organizar el valor referencial de una historia en el sentido de un discurso determinado. El *Retablo* presenta, entre sus cinco obras, dos en parejas, una de *Autos*, otra de *Melodramas*, y ofrece, por tanto, buena ocasión para comprobar la validez de aquella hipótesis.

Hemos visto que las funciones y los personajes como unidades de articulación y de estructuración de la sintaxis en la obra literaria, matizan su valor semántico (en cuanto al sentido, no en cuanto a la referencia o a la imagen asociada) por relación al género literario que les sirve de expresión.

Los dos artículos finales toman como objeto de estudio textos líricos y ofrecen una oportunidad inmediata —más clara que el relato o el teatro— para estudiar el texto literario como unidad de valor autónomo e inmanente. Las recurrencias de todo tipo (fónicas, métricas, morfológicas, sintácticas y semánticas) son más fácilmente identificables en un texto corto, como suele ser el poema lírico, que en un relato o en una obra de teatro.

Hemos estudiado los recursos de unificación del texto a partir de las unidades lingüísticas, en *Muerte a lo lejos*, soneto de J. Guillén, y hemos analizado las recurrencias usadas en todos los niveles sémicos que hemos podido objetivar en el poema de A. Machado *A un olmo seco*.

La aplicabilidad del método y los resultados obtenidos nos hacen confiar en su valor explicativo; el método semiológico de análisis de textos literarios parece descubrir aspectos interesantes que enriquecen la lectura del texto, plantea problemas sugerentes y, en ocasiones, hasta resuelve algunos.

I. ANÁLISIS FORMALISTA DE RELATOS LEONESES [1]

Vamos a aplicar sobre cuentos tradicionales leoneses un método de análisis de relatos, a la vez que estudiamos su trayectoria histórica. Hemos elegido dos cuentos que tienen el mismo argumento, aunque distinto discurso, uno recogido por M. Alvar en su Antología, *Textos hispánicos dialectales*, y la segunda versión incluida por J. Alvarez Fernández-Cañedo en *El habla y la cultura popular de Cabrales*.

Los personajes son los mismos en ambos relatos, aunque se presentan bajo formas diversas: protagonista (labrador, *un omi* / Xuan, *un paisano*), antihéroe *(yogu / oso)*, auxiliar (la *raposa* / el *rapusu*). Otros personajes, que intervienen simplemente como instrumentos de desenlace o como objetos de contrato, no hablan (los bueis, los perros, el corderín, la hayina con los pitos).

Los motivos de los relatos son idénticos en ambos: una *maldición* del labrador contra los bueyes / una exigencia de *cumplimiento* por parte del antihéroe, que conducirá a la pérdida de los bueyes, a no ser que se supere, o se desvirtúe la promesa / un *con-*

[1] Publicado en *Archivos Leoneses*, núms. 57-58. Centro de Estudios e Investigación «San Isidoro», C.S.I.C., León, 1975.

trato con el auxiliar, la zorra, que conduce a la pérdida de un bien menor (gallina / cordero), y que introduce una nueva situación de la que el labrador tendrá que salir con pérdida, si cumple la promesa, o con engaño, por sus propios recursos. En otro caso, si desemboca en otro contrato, la situación se repite.

La significación es la misma en los dos relatos: se fustiga la tendencia de los labradores a quejarse de los animales que les ayudan en el trabajo y a maldecir sin sentido contra ellos. Se exalta la astucia, se alaba el éxito conseguido en la forma que sea: por incumplimiento de promesas, de contratos, por alianzas con enemigos menores, a los que también se engañará, etc.

En el segundo relato hay una interferencia con un motivo del cuento de Caperucita: «Qué güöyos tan grandis tienen», que actúa de verdadero indicio para adelantar el peligro que corre la zorra.

Las secuencias de los dos relatos las iremos analizando a medida que exponemos la teoría de los distintos autores.

RELATO I: *Xuan, el oso y la raposa:*

En una ocasión estaba un paisano que se llamaba Xuan, semando pan. Los bueis eran malos y él decí:

—Mal oso vos coma.

A la tarde vien el oso a catar los bueis y diz él:

—Bueno, ahora vengo por los bueis. Todu el dia andes diciendo: «Mal oso vos coma», y ya estoy aquí.

—Déjame acabar de semar la tierra, que me falta poco.

Entós el oso chóse tras un mato y llegó la raposa y dixo:

—¿Qué tienes, Xuan, que estás tan triste?

—Que vino el oso y me quier comer los bueis.

—Vaya, pues calla la boca, que si me das un corderín yo te lo arreglo.

—Si, si, de buena gana.

—Entós dixo la raposa:

—A Xuan, ¿qué ye aquello que está detrás de aquel mato?

Dixo el oso a Xuan:

—Dile que ye un tronco.

—Non, si fuera tronco tú lo echaras en la corza.

—Faite que me echas —diz l'oso.

—Non, si fuera tronco cortárasle aquella patona que espurre pa allá.

—Faite que me lo cortas —diz l'oso.

Va Xuan, garró l'azá y cortóle la cabeza. Después pa pagar el corderín a la raposa metió los perros del llugar en el corral y mandó a la raposa dir por la cordera. La raposa metióse allí y los perros colgáronse de ella. Entós la raposa quería subir pal payar y non podía y decía:

—Arria, culu, arrias zancas, que en esti mundu tó ye trampas.

(MANUEL ALVAR, Textos hispánicos dialectales, Antología histórica, I, CSIC, Madrid, 1960, p. 108).

RELATO II: *El yabrador, el yogu y el rapusus:*

Eyu huö una bez un omi que taba yabriandu n'una tierra, y un güö cagoi pela yata'l yabiegu y dimpuös ey dišoi: «yogos ti comian». Y al pocu ratu ayega un yogu y dí que vien pol güö. Dišoi, diz: «¿por qué mi yebis el güö?». Porqui dišesti yogos ti comian y agora benu prendétilu». Di l'omi: «entós ties que disámilu mientes acabu yabrá la tierra porqui ñon teñu otru y

cun unu solu ñon puöu yabriar». Dišu'l yogu:
«entós lu que bamos hacé e que mi lu bas
yebar amañá a tal parti; yebis los güös šuncíos
y yebis el carru y el hachu que comu que bas
a yeñi». Y a isu quedarin. L'omi quedó yorandu
y yegó un rapusu y diz: «¿por qué yoras?».
Dícei l'omi: «yoru porqui mi pasó estu col
yogu». Dícei'l rapusu: «¿Qué mi das y ti yibru
del yogu?». Respusoi l'omi: «ñon so lu que
quedrás tú». Dicei: «una hayina con pitos».
L'omi diz: «ñin que lu dišeris arredrementri
pos šustamientri téngola y son crecíos». Con
eso diz: «pos yo ti yamaré haciendu que so un
cazador». Ya l'omi pintabai na cara otru aldu.
«Yébismi la hayina y los pitos nun costal y
átislu bien en carru». Y yuögu ya diba pa otru
dia. A otru dia pela mañá, šunci los güös, écha-
los en carru y nun costal metió los perros ya
grandinos y la perra que tía. Echa'l hachu'n
carru y echa andar payá. Y dimpuös ayega'l
sitiu que siñalarin y taba eyi'l yogu: «¿Ya tas
equi?». «Sí, ya to equi ha un ratu, ešunci'l güö.»
Entós dišu'l rapusu tres un matu: «oooooo!».
oooo!, ¿bisti per eí un yogu, un rapusu, daqué
cazar? «E un cazaor», dí l'omi. Diz el yogu:
«dí ñon». «¿Y esu que tá eí que é?» «E un troncu». «Si huöra un troncu charislu'n carru y
atárislu cola soga». Di'l yogu: «échami'n carru
y aprétami un pocu». Y dimpuös atolu. «Ya
t'amarrau». «Ñon e troncu, si lu huöra diéresi
col hachu». Di'l yogu: «Dami un pocu». Arre-
mangósi lu que pudió y partiói la cabeza. Entós,
amíyasi'l rapusu: «güönu, pos agora ties que
dami la hayina colos pitinos». «Eí lus tiés en
costal». «Munchu pesa». «Ya ti diši que tabin
crecíos». «Halta que ñcn sian pitos». «Miró'l
costal y dišu: «Que güöyos tan grandis tienin».
Y dimpuös miraba'l costal. Los perrinos col
aquél de salir rešilabin loh güöyos. Nestu yegó
a la cuöba ondi tía los rapusinos. Abrió'l costal

y los perros tirárensi a los rapusinos y la perra
al rapusu. Y cómo erin grandicos matarin a
los rapusinos y el repusu».

(JESÚS ALVAREZ FERNÁNDEZ-CAÑEDO, El
habla y la cultura popular de Cabrales, CSIC, Madrid, 1963, pp. 113-
114).

El análisis formal

El análisis de la narrativa popular recibió gran
impulso con la obra de Vladimir Propp *Morfología
del cuento* [2]. Aunque se publicó esta obra en 1928,
no tuvo de inmediato la difusión y aceptación que
merecía, y sólo años más tarde constituiría el primer eslabón de una cadena de investigaciones sobre
el relato, llevadas a cabo por el neoformalismo francés principalmente, con autores como Bremond,
Greimas, Todorov.

La obra de Propp estudió el cuento popular ruso
partiendo de una hipótesis tomada de las ciencias
naturales: de la misma manera que la morfología
de las plantas describe sus elementos y las relaciones de unos con otros y con el conjunto al que se
subordinan, la morfología del cuento debe intentar
aislar las estructuras, analizar sus componentes y
las relaciones establecidas: de las partes entre sí
y de las partes con el conjunto significativo que es
cada relato.

La multiplicidad de intrigas, de personajes, situaciones y resultados, se presentaba como una dificultad insuperable para convertir los relatos en materia

2 Vid. VLADIMIR PROPP, *Morfología del cuento*, Ed. Funda-
mentos, Madrid, 1971 (es traducción de la edición francesa
de 1970, basada, a su vez, en la segunda edición rusa, de
1968).

de estudio. Puesto que cada cuento tiene un argumento desarrollado a través de motivos diferentes, la crítica o ciencia de la literatura no encontraba la manera de abordar su estudio con un método científico. La materia informe que presentan los relatos no era apta para ser considerada «materia de estudio», ya que no permite una sistematización, una estructuración, aunque sea mínima.

Veselovski y Bédier, trabajando en forma independiente, llegaron a establecer una misma hipótesis de trabajo: la posibilidad de descubrir estructuras narrativas parecidas, bajo la apariencia heterogénea de motivos, y, de aquí, la posibilidad de analizar los elementos que se repiten en las estructuras básicas [3].

Bédier llegó a la conclusión de que el cuento, el relato en general, presenta valores constantes *(invariantes)* y valores que cambian de unos relatos a otros *(variables).* La suma alternada, o cualquier otra forma de enlace, de elementos variables y de invariantes constituye la estructura de los cuentos.

Veselovski descubre que el tema del cuento es un conjunto de átomos narrativos en relaciones diversas. El tema es el conjunto, pero los análisis deben empezarse en el nivel de motivos, precisamente para señalar los que se repiten y los que son variables. Sobre éstos no es posible un estudio científico, pero sobre los primeros es posible la aplicación de un método científico.

---

3 J. BÉDIER había puesto sus puntos de vista en *Les Fabliaux* (París, 1893). A. N. VESELOVSKI, en *Istoricheskaja poetika* (primera redacción, *Sobrante sochinenij,* San Petersburgo, 1913). Pero sus obras pasaron desapercibidas hasta que PROPP recoge y hace avanzar sus puntos de vista.

Vid. la exposición que hace de las teorías de estos precursores C. BREMOND, «El mensaje narrativo», en *La semiología* (R. BARTHES y otros), Ed. Tiempo Contemporáneo, Buenos Aires, 1972.

Los motivos, tal como los ha visto Veselovski, pueden descomponerse en elementos más simples, por ello Propp decide identificar las unidades no en los contenidos (unidades de narración), sino en las formas, donde se pueden encontrar las unidades mínimas. Los contenidos ofrecen aún demasiadas variantes, en cuanto a personajes y en cuanto a relaciones; las formas, entendidas funcionalmente, aunque se presenten bajo apariencias muy diversas, son más fácilmente identificables.

Propp entenderá, por tanto, que la verdadera invariante del relato es la *función* que cada motivo cumple en el conjunto o en el curso del relato. Motivos diferentes, si cumplen idéntica función, pueden considerarse invariantes en el proceso de la narración. Lo variable es la fabulación utilizada, las circunstancias, determinados rasgos del carácter de los personajes, determinados atributos o determinadas acciones, que encubren, en realidad, unas funciones constantes y unos tipos siempre idénticos. Es preciso analizar en primer término las funciones para clasificar o definir el tipo de acción o conducta, o el tipo de personaje.

La función no puede ser definida fuera del relato, de la misma manera que las unidades de la lengua no pueden definirse fuera del sistema lingüístico al que pertenecen. En el conjunto de un relato pueden ser funciones algunos motivos que en otro relato no son más que variables. La definición no alcanza más que a cada relato, y por oposición al resto de los motivos que intervienen en él. Propp entiende por función «la acción de un personaje definida desde el punto de vista de su significación en el desarrollo de la intriga» [4].

4 Op. cit., p. 33.

Partiendo de este presupuesto pueden identificarse en los distintos cuentos una serie de funciones
a través de los motivos que en ellos se dan. Propp,
sobre un corpus de cien cuentos populares rusos,
identifica *31 funciones* y *7 tipos de personajes* (el
héroe, el falso héroe, el mandatario, la princesa, que
aparecen siempre en la situación inicial; el agresor,
el donante, el auxiliar mágico, que van introduciéndose en el transcurso de la acción).

La función se caracteriza positivamente porque
determina o selecciona las funciones siguientes en
el relato. No es un valor en sí misma. No podemos
decir que una profecía, una agresión, una maldición, etc., sean funciones; lo serán, si en el conjunto
de un relato dan lugar a un desencadenamiento de
acción y generan nuevas funciones.

Naturalmente, al concebir así las funciones, se
admite implícitamente que el orden en que se incluyen en el texto resulta pertinente. No puede presentarse el lobo/oso, antes de que el labrador enun-
cie su maldición; no puede haber pacto con la zorra
antes de que se haya presentado el auxiliar. El orden
es, pues, un criterio para la determinación de funciones.

En los cuentos leoneses que estamos analizando,
se constituye en *función* la maldición del labrador
porque inmediatamente da lugar a otra función: la
exigencia de realización de lo enunciado como mero
desahogo verbal. Varían las circunstancias, las causas que originan la maldición (en una versión la
lentitud de los bueyes; en otra el que le ensucien
el arado); varían también los enunciados y la invo-
cación (al oso, al lobo). Pero claramente se descubre
bajo estas apariencias diversas una funcionalidad
idéntica en los dos relatos: la maldición selecciona
las funciones siguientes: la petición de un plazo por
parte del labrador, la aparición de un ayudante (la

zorra), etc.... La invariante, pues, es la acción (maldición) que introduce otra acción (exigencia de realización), que a su vez da lugar a un nuevo paso
(pacto con el auxiliar), etc.... Todas estas acciones se
han constituido en funciones para el relato, si bien
en sí mismas no lo son.

Las secuencias narrativas

Basándose en el método propuesto por Propp,
Bremond intenta una aplicación a la lógica narrativa en sí misma, a la sintaxis de los comportamientos humanos recogidos, como motivo o como función, en cualquier género literario[5].

Bremond intenta demostrar que Propp no ha llegado realmente a descomponer la estructura de los
relatos y a identificar los motivos, ya que al considerar pertinente un orden determinado, sigue en-
frentándose con el relato en conjunto.

La unidad de narración es efectivamente la función, tal como la entiende Propp (frente al motivo,
de Veselovski). Los átomos agrupados en secuencias
dan lugar a los relatos, pero no exigen un orden
rígido, a no ser entre elementos determinados: por
ejemplo, no puede incluirse un pacto con el auxiliar
antes de que se presente el enfrentamiento héroe-
antihéroe. Sí pueden, sin embargo, incluirse otros
motivos, otras derivaciones, en el relato. En este
sentido podemos encontrar relatos que se reducen
a secuencias elementales, y los hay que presentan
interferencias, complicaciones, derivaciones, que lue-

5 Vid. CLAUDE BREMOND, op. cit., y también «La lógica de
los posibles narrativos», en *Análisis estructural del relato*,
Serie Comunicaciones, Ed. Tiempo Contemporáneo, Buenos
Aires, 1970, núm. 8, pp. 87 y ss.

go no continúan, o al menos no continúan en forma inmediata para seleccionar las acciones siguientes.

Propone Bremond como modelo de secuencia elemental la agrupación de tres funciones, que en realidad están en la base de todo proceso, tanto en la conducta real de los hombres, como en la conducta literaria, y aun en todo proceso situado en el tiempo, o en el espacio:

a) Función inicial que abre la posibilidad del proceso. Puede presentarse en forma de conducta observable o de acontecimiento previsible.

b) Función que realiza esa virtualidad: realización de la conducta o acontecimiento en acto.

c) Función que cierra el proceso, porque presenta los resultados a que se ha llegado, para bien o para mal del protagonista.

Bremond considera que ninguna de estas funciones necesita de la siguiente en un orden obligado. Cuando el narrador abre la secuencia con la primera función, no está abocado en forma necesaria e inevitable a actualizarla, puesto que se le presentan de inmediato dos posibilidades, actualizarla efectivamente, o dejarla como una posibilidad, manteniéndola en estado virtual. Si elige actualizarla, conserva la libertad de detener el proceso o de conducirlo a su término, de introducir un enclave, o de seguir una línea de sucesión simple.

Vamos a comprobar estas posibilidades sobre un relato, *El llobu y la cabrina,* que nos servirá de contrapunto para analizar secuencias simples y secuencias complejas.

RELATO III: *El llobu y la cabrina.*

Estando una cabrina perdida encimba de una peña, víula un llobu y fabloulle d'este modu:

—¿Qué faces ende, cabrina, que nun bajas pal río a beberi agua clara y a paceri yerba fresca?

—You bien bajara desta piñina, porque tiengu fame y sede, si ficieras xuro de nun comeri las mias carnes.

Contestoulle el llobu:

—Las tus carnes están sagradas por l'ouración de San Antoniu, y, además, fagu xuru de nun tucari los tus musquines.

Bajou la cabrina confiada, y tan plontu saltou de la piñina, agarróula el llobu por una pata, cravándoye lus dientes nel pilleyu.

—¡Ay, coitada de mí! —gimeu la cabrina, dijiendo al llobu: —Eres un fullón, que no cumpres el xuru.

A lo que respondiou el llobu, sin sultari la pata:

—Si u xurei y votei, confesareilu, que cuandu hay fambre nun hay remediu.

A outru dia pur la mañanica viñierun unus pastores cun unus palancones y alcuntrorun los andrayus y la encornadura.

SANTIAGO ALONSO GARROTE, El dialecto vulgar leonés hablado en Maragatería y tierra de Astorga, CSIC, Instituto Antonio de Nebrija, Madrid, 1947, pp. 109-110).

La secuencia, simple, consta de tres funciones: *a)* diálogo de la cabra con el lobo, que desemboca en una *promesa*. El cuento puede seguir con el cumplimiento de la promesa, o con su incumplimiento por parte del lobo, y también puede dejar la promesa como mero enunciado, como motivo sin continuación, como ocurre, por ejemplo, en la fábula del perro que bebía en el Nilo y no se fió del consejo del cocodrilo; *b)* incumplimiento de la promesa, que se presenta con una serie de variables: quejas de la cabra, alusión a un refrán por parte del lobo, y con un indicio de irreverencia en la alusión a la confesión, y *c)* resultado es de Mejora del lobo / Pérdida de la cabra, según los signos de muerte que ven los pastores al día siguiente.

La libertad del autor se ejercita en la elección del motivo inicial y en la determinación de la significación del cuento, pero también en la exposición del orden de las funciones de la secuencia. Para ofrecer una significación: «no debemos fiarnos de las promesas de nuestros enemigos», puede el autor presentar a un perro enfrentado con un cocodrilo, o a una cabra con un lobo. La fabulación es diversa, aunque la intención sea la misma. Este enfrentamiento se constituye en función y da lugar a una promesa: puesto que se trata de dos enemigos, el modo de continuar la relación es el pacto o la agresión directa. Una vez elegido el pacto, el autor puede ejecitar de nuevo su libertad, para que el débil lo acepte o no (cabra / perro). La significación —es decir, la inconveniencia para el débil—, queda de manifiesto en la fábula del perro sin un desenlace trágico; la misma significación queda de manifiesto, quizá más eficazmente, en el relato leonés, por la experiencia del desenlace trágico.

No hay, pues, una necesidad perentoria de enlazar unas determinadas funciones con otras, ni siquiera dentro de la secuencia elemental que presenta Bremond. La libertad del autor se extiende no sólo al orden de las secuencias entre sí, sino también al orden de las funciones dentro de las secuencias elementales.

Secuencias complejas

Las secuencias elementales se combinan entre sí para formar secuencias complejas, ateniéndose a distintos tipos de distribución: encadenamiento por *continuidad;* encadenamiento por *enclave.*

Los formalistas rusos habían destacado como rasgo distintivo entre el *discurso* (disposición de los elementos en una obra literaria) y la *historia* (argumento lineal), la deformación temporal. Mientras la temporalidad de la historia es pluridimensional, el discurso debe romper la sucesión natural o lógica de los hechos para mostrarlos en una sucesión lineal.

Algunas narraciones han acudido a procedimientos especiales para conseguir en el relato la exposición simultánea de hechos simultáneos. Por ejemplo, Pérez de Ayala da a dos columnas la historia de Herminia y Tigre Juan mientras están separados, pero el lector no puede leerlas (asimilar el discurso) simultáneamente, el carácter lineal de la comunicación lingüística es un rasgo inflexible.

Desde una perspectiva de estructura gramatical, las funciones se encadenan por yuxtaposición o coordinación; la intercalación de funciones (enclave) supone la inclusión de una historia en otra, y, como es lógico, la subordinación de una a otra. El autor del relato elige el modo de enlace que le conviene más y nos presenta las secuencias en un orden temporal, en un orden lógico (de causa a efecto) o en un orden estético, que puede prescindir de las dos formas anteriores y buscar efectos especiales, por ejemplo, destacar una determinada acción o relación.

En las dos versiones del relato *El labrador, el oso (lobo) y la raposa*, la combinación de secuencias se logra por enclave. Se distinguen claramente dos series de funciones: I: *a)* maldición del labrador; *b)* aparición del oso (lobo), y *c)* petición de plazo; II: *a)* aparición de la raposa, con el pacto resultante; *b)* engaño del lobo, y *c)* engaño de la raposa.

Después de la maldición del labrador y de la aparición del antihéroe, se solicita un plazo para cumplir sus exigencias, y antes de que el cumplimiento se lleve a efecto (primera secuencia completa), se introduce el auxiliar (la zorra) que propone un resultado de mejora, mediante el engaño del antihéroe. No se trata de un auxiliar mágico, al estilo de los que ha analizado Propp en los cuentos de hadas tradicionales en Rusia, sino de un personaje cuya astucia es proverbial y no necesita presentación, ni siquiera justificación para su conducta. El relato podía haber recurrido, para llegar a una solución, a la astucia del campesino, y por medio de la palabra ir planteando al lobo/oso las mismas situaciones que planteará auxiliado por la zorra. La secuencia sería simple, en tres funciones, el prototipo elemental, tal como lo propone Bremond: *a)* planteamiento de la situación mediante la «función» *maldición; b)* presencia del antihéroe, que exige la *realización* del acto previsto en la maldición. En este momento el autor —digamos el relato— puede seguir para presentar la realización efectiva de lo previsto, o para impedir la realización, y *c)* resultado final: queda eliminado el antihéroe, que exigía al labrador los bueyes, y se cierra la secuencia.

Pero en las dos versiones de que disponemos se introduce una complicación mediante el enclave de un auxiliar en la función *b)*, y se alarga el relato con una nueva secuencia, de tres funciones, idéntica a la anterior: una promesa o pacto, que desencadenará una exigencia de cumplimiento, y una solución final de mejora (liberación de la promesa) o de degradación (pérdida de lo prometido: el corderín, la gallina).

Puede observarse que el procedimiento es recursivo, ya que podrían seguir introduciéndose personajes auxiliares sucesivamente, de modo que cada uno librase al labrador de la promesa hecha al anterior, mediante el pago de algo menos valioso cada

vez. Por ejemplo, el perro (auxiliar en la segunda
secuencia) podía haber exigido algo al labrador, que
se vería obligado a dárselo (pérdida), o a librarse de
la promesa (mejora), mediante un nuevo recurso...
Pero las posibilidades teóricas, ilimitadas, en la práctica suelen quedar reducidas a dos o tres, lo mismo
que ocurre con los procesos recursivos de la lengua,
por ejemplo la coordinación copulativa.

Las acciones en el relato

Greimas analiza una serie de funciones desde la
perspectiva de la acción de los personajes y las denomina «tarea», «contraste», «falta», «trampa»... Por
ejemplo, una secuencia posible de funciones para
realizar una mejora: el planteamiento inicial es la
aparición de una serie de obstáculos que deben su-
perarse con medios adecuados; surge así una *tarea*,
que puede encomendarse a un *auxiliar*. Este se enfrenta directamente con el adversario, o bien trabaja
conjuntamente con el héroe. Las relaciones del héroe
con su auxiliar tienen carácter de *contrato*. La lucha
con el adversario puede realizarse en forma pacífi-
ca *(negociación)*, o en forma hostil *(agresión)*. La
agresión, con frecuencia, se transforma en *engaño*
y encubre una *simulación* para que el adversario
caiga en la trampa, particularmente cuando tiene
más fuerza que el héroe.

En el cuento leonés, el auxiliar (la zorra) plantea
la lucha contra el adversario en forma hostil, pero
con *simulación*, ya que la mayor fuerza física del
oso/lobo no permite otra salida, teniendo en cuenta
que los medios para vencer deben ser adecuados.

La función que alargará la secuencia inicial es
precisamente el contrato de la zorra con el labrador,
que vuelve a plantear la misma situación inicial. La

función inicial, la maldición, se había planteado espontáneamente, sin contrato, por la impaciencia o por el malhumor del labrador, y para que el relato se cierre será preciso que sea el mismo labrador el que salga por sus medios del compromiso, ya que en otro caso seguirá vinculado a un nuevo auxiliar y a una nueva promesa.

Cada personaje puede realizar dos o más acciones, y cada una de ellas presenta dos aspectos contrapuestos, que afectan a dos adversarios: el engaño propuesto o realizado por uno, implica el fallo previsible o real del otro. El análisis de las acciones no es completo si no se tienen en cuenta los dos aspectos. La relación de causalidad es evidente: la zorra propone un engaño; si se realiza, el oso fallará, y el resultado del relato será de mejora para el protagonista y su auxiliar. Si no se realiza el engaño, el oso vencerá y el resultado será de degradación para el héroe, y de mejora para el antihéroe.

Greimas intenta una aplicación de las funciones elementales del análisis sintáctico a las funciones elementales de los personajes en la construcción literaria, para llegar a un modelo actancial [6].

Está claro respecto al relato leonés la sucesión de sujetos activos, que conducen la acción (el labrador que maldice/el oso que exige/la zorra que engaña), y la sucesión alternada de sujetos pasivos (el labrador comprometido/el oso engañado/la zorra engañada).

La Gramática concibe la Sentencia oracional como un conjunto de relaciones entre actantes de una

6 Vid. ALGIRDAS JULIEN GREIMAS, *La semántica estructural*, Ed. Gredos, Madrid, 1971.

Del mismo autor, «Elements d'une grammaire narrative», en *Du sens (Essais sémiotiques)*, Ed. du Seuil, París, 1970.

Y «Systématique des Isotopies», en *Essais de sémiotique poétique*, Ed. Larousse, París, 1972.

misma acción (Sujeto, el que realiza la acción; Objeto, el que la sufre), y, aunque cambien el contenido y la naturaleza de las acciones y los actantes, las relaciones se mantienen. En el relato leonés podemos comprobar que los sujetos pasan a ser objetos en la transformación activa→pasiva, y se mantienen, respecto a las distintas acciones en relación de Sujeto activo o pasivo, o en relación de mejora/degradación. El resultado de una acción mejora o degrada la posición del héroe y antihéroe respectiva y alternadamente.

De esta manera, aplicando el modelo sintáctico al nivel semántico, surge una estructura actancial, un microuniverso semántico que se circunscribe a un todo significativo de relaciones positivas o negativas. Todos los sujetos quedan implicados en la acción y en los resultados de la acción, y ésta cobra su total significado por referencia a los personajes.

Propp ya tenía una concepción funcional de los actantes, en cuanto motivos o funciones. Los personajes no se definen intrínsecamente; así, el labrador no se define por su calidad de «persona que trabaja en el campo», sino por su calidad de «protagonista», de «sujeto» de la acción. Los actantes son, pues, clases, tipos de actores que aparecen en los relatos que constituyen el *corpus* que se analiza. Una articulación de actores en una acción, unos como sujetos, otros como objetos, otros como auxiliares, consejeros, etc., constituye un cuento, un relato. Un género determinado de cuentos (tradicionales, de hadas, de animales, etc.) está constituido por personajes (actantes) que se repiten en una secuencia, simple o compleja. Propp había llegado a definir actancialmente el cuento ruso como un «relato de siete personajes».

Greimas reduce las funciones a 20 y las relaciona en parejas de implicación: una función genera la

siguiente en la cadena sintagmática, pero en el nivel
paradigmático un motivo, o función, excluye otro
del mismo tipo. Por ejemplo, el papel del auxiliar
puede ser desempeñado por varios personajes: la
mujer del labrador podía haber actuado como auxiliar, aconsejando o ayudando físicamente a su marido a deshacerse del lobo; la *zorra* cumple esta
función de hecho; un *auxiliar mágico* (una xana, la
mujerina desconocida que se presenta como mendi-
ga solicitando una limosna y recompensa con un
talismán, o concede un objeto o una palabras má-
gicas, etc.) podía haber tomado a su cargo el desem-
peño de esta función. Pero la presencia de uno de
tales personajes es suficiente y los demás quedan
excluidos precisamente porque pertenecen al mismo
tipo en el conjunto paradigmático.

Se entiende así que en el sintagma narrativo la
función «auxiliar» implica la función «pacto» y que
la presencia del auxiliar «zorra» excluya la de cualquier otro tipo de auxiliar, al menos en la misma
secuencia. Naturalmente, en el mismo relato pueden
intervenir otros auxiliares en otras secuencias; así,
el «perro» es el segundo auxiliar del labrador, precisamente para ayudarlo a deshacerse del primer
auxiliar, convertido ahora en antihéroe.

En la sintaxis narrativa la implicación de funciones lleva de una secuencia a otras; en el nivel paradigmático las funciones se excluyen dentro de los
límites de una sola secuencia, si pertenecen al mismo tipo.

Análisis lingüístico de Todorov

Después de la labor de los críticos anteriores
(Propp, Bremond, Greimas), Tzvetan Todorov analiza las acciones en el discurso narrativo y establece

su estructura de acuerdo con una formulación de niveles que habían presentado autores como Carnap o Morris [7]: el nivel *sintáctico*, el nivel *semántico* y el nivel *verbal* (que corresponde al nivel pragmático de la escuela semiótica).

El análisis de estos tres niveles constituye la Gramática de la narración. La sintaxis estudia las unidades combinadas entre sí. La unidad básica es la oración que puede presentarse bajo tipos de relación diversos: lógico (de causa a efecto), temporal (de sucesión en el tiempo o en la exposición) y espacial (en forma paralelística, simétrica, en contraste, etcétera). Una serie de oraciones relacionadas bajo alguna de esas formas es suceptible de constituir una historia independiente, una secuencia.

El aspecto verbal comprende dos grandes apartados: el de las propiedades estilísticas o registros verbales, y el de los puntos de vista de la narración. Trasciende el nivel de relaciones de las unidades entre sí (aspecto sintáctico) y estudia las relaciones de las unidades narrativas con los sujetos externos a la narración (autor/lectores), ya que las propiedades estilísticas ponen inmediatamente en relación al autor con el relato (se estudia *su* idolecto, *sus* registros verbales) y el de los puntos de vista relaciona el relato con los lectores, al ofrecerles ángulos de visión de una secuencia —independientemente de la secuencia en sí misma—, de compromiso, de simpatía, de repulsa, etc.

En cuanto al tercer aspecto, el semántico, analiza la obra en su dimensión significativa, como unidad coherente y completa. En la lengua funcional el estudio semántico se refiere a las relaciones signo-objeto; en la obra literaria no es posible, mejor di-

[7] Vid. C. BOBES, *La semiótica como teoría lingüística*, Editorial Gredos, Madrid, 1973, pp. 116 y ss.

cho, no es pertinente la verificación o falsación con la realidad, ya que la significación verdadera procede del contexto, de la relación de unas funciones con otras dentro del conjunto de la obra.

Todorov mantiene que entre las palabras de la frase y las oraciones del discurso puede establecerse una relación de paralelismo, con correspondencias formales: así como la frase es un pequeño discurso, el discurso no es más que una gran frase. Esto da base para suponer que las categorías de la frase pueden descubrirse en el discurso, así como para afirmar que entre el lenguaje y la literatura puede existir un paralelismo de procesos, de relaciones, etcétera. Una misma organización formal puede regular diferentes sistemas semióticos, aunque los signos utilizados sean diferentes (signos lingüísticos/signos literarios, o funciones) [8].

Análisis semiológico

Llegamos así a la llamada crítica semiológica o semiótica que desarrollando las ideas de los formalistas rusos y de los autores que hemos ido citando, intentará descubrir en el relato la significación de los distintos niveles, de acuerdo con el sistema de signos en que se manifiesta y en que pueden interpretarse. La obra se concibe como un sistema se-

8 Vid. TZVETAN TODOROV, *Poétique de la prose*, Ed. du Seuil, París, 1971; *Teoría de la literatura de los formalistas rusos*, Ed. Signos, Buenos Aires, 1970 (es una selección de textos realizada por TODOROV); *Literatura y significación*, Ed. Planeta, Barcelona, 1970; *Gramática del Decamerón*, Ed. J. Betancor, Madrid, 1973; «Las categorías del relato literario», Serie Comunicaciones, núm. 8, Buenos Aires, 1972, pp. 155-192; «La descripción de la significación en literatura», en *La Semiología*, Ed. Tiempo Contemporáneo, Serie Comunicaciones, número 4, Buenos Aires, 1970 (pp. 105-113).

miótico organizado con signos procedentes de sistemas sociales e históricos (el sistema «lengua»; el sistema «literatura»), y cuyo valor hay que buscarlo en su integración en una unidad significativa autónoma.

Roland Barthes es el representante más acusado de esta tendencia crítica. Propone distinguir en la obra narrativa tres niveles de descripción: el de las *funciones* (en el sentido preciso que Propp y Bremond han dado a este término); el de las *acciones* (en el sentido que les da Greimas: personajes como actantes); y el de la *narración* (el discurso, según Todorov). Los tres niveles se integran progresivamente: una función sólo tiene sentido si se localiza en la acción de un actante, y la acción recibe su sentido último del hecho de que es narrada, incluida en un discurso que es su propio código, sin que sea necesario acudir a una verificación exterior [9].

Como puede deducirse, toda la obra, con todos sus elementos y aspectos, se analiza y estudia en razón de su sentido, de su significado. Dentro de la clasificación que Frege propone respecto a los valores semánticos: Referencia, Sentido e Imagen asociada, se prescinde de la referencia, ya que, como hemos dicho anteriormente, la obra literaria no busca nunca la exactitud de una verificación con la realidad, sino un sentido en su coherencia interna.

Remitiéndonos al relato que venimos analizando *(El labrador, el oso, la zorra)*, la verificación, es decir, el valor referencial del lenguaje queda olvidado totalmente; el autor —anónimo— no explica en absoluto por qué medios la zorra se entera del apuro en que se encuentra el labrador; no explica por qué

9 Vid. ROLAND BARTHES, «Introducción al análisis estructural de los relatos», en *Análisis estructural del relato*, Serie Comunicaciones, núm. 8 (ya citado en la nota anterior).

razones metanaturales los animales entablan diálogo
con el labrador, ni siquiera por qué el oso/lobo
exige la realización del contenido de la maldición.
Todo esto no resulta pertinente ni significativo en
el relato, y, por ello, se prescinde de todo. La maldición que abre la primera secuencia actúa como
función generante del encuentro oso-labrador, sin
que la lógica de la narración sufra por ello. Lo real
no es rasgo inherente de lo literario.

Las funciones o unidades narrativas mínimas no
tienen por qué coincidir con las partes del discurso
narrativo, tal como se distribuyen en los distintos
géneros literarios (escenas, diálogos, monólogos, ca-
pítulos...). Cualquier elemento, o cualquier segmento
narrativo que pueda presentarse en correlación con
otros, se considera como función, a partir de los
formalistas rusos (Tomachevski llama «función cons-
tructiva de un elemento de la obra literaria, en tanto
que sistema, a su posibilidad de entrar en correlación con los otros elementos del mismo sistema, y
en consecuencia, con el sistema entero») [10].

Existen muchos tipos de funciones, porque también hay muchas clases de correlaciones. Las que
poseen correlatos en el mismo nivel (es decir, las
funciones de Propp y Bremond) son denominadas
por Barthes propiamente funciones. Los segmentos
narrativos (lo mismo que los segmentos oracionales
en lingüística) se constituyen en unidades y pueden
remitir a acciones complementarias en la cadena narrativa. Otras unidades, también funcionales, poseen
carácter integrador y remiten a conceptos en relación vertical: son *indicios* para caracterizar personajes, para proporcionar informaciones, para servir
de enlace, etc.

---

[10] Vid. *Teoría de la literatura de los formalistas rusos*, ya
citada, p. 91.

Indicios y funciones admiten una nueva subcate-
gorización, ya que, dentro de las funciones hay unidades que constituyen los nudos del relato y pueden
considerarse como *cardinales*, y otras que sólo lle-
nan espacios entre las anteriores; a éstas Barthes
las denomina *catálisis*. Las funciones cardinales presentan acciones que abren, mantienen o cierran alternativas, y entre dos cardinales se pueden inter-
calar funciones subsidiarias.

Los indicios pueden dividirse en indicios propiamente dichos e informaciones: los indicios son datos implícitos que hay que descifrar; las informaciones son datos directos, que sirven para identificar la
acción en el tiempo y en el espacio literarios.

Las cuatro categorías (funciones cardinales, catálisis, indicios e informaciones) señaladas por Barthes,
tienen carácter polivalente y pueden desempeñar al
mismo tiempo clases diferentes. Por ejemplo, el pacto del labrador con la zorra constituye una función
cardinal, pero simultáneamente da información sobre
el carácter astuto del auxiliar, y es indicio del desenlace del relato, en cuanto que a través de él se prevé
cómo puede el héroe —mediante un nuevo pacto—
deshacerse del auxiliar, una vez que éste haya cum-
plido su misión como tal y se convierta en antihéroe.

A lo largo del relato —del discurso narrativo— las
unidades se combinan siguiendo unas reglas determinadas:

a) Las funciones cardinales están unidas por relaciones de solidaridad; una función de un tipo obliga a otra del mismo tipo y viceversa (implicación
doble). Una promesa, por ejemplo, implica otra
función cardinal: cumplimiento o rechazo, pero no
puede cerrar el relato.

b) La catálisis se une a una función cardinal en
una relación de selección (implicación simple): toda

función de catálisis exige una función cardinal, pero
no a la inversa, ya que las funciones cardinales pueden ir sin catálisis. La forma en que el labrador se
deshace de su adversario (primero auxiliar) es simple catálisis: los perros del lugar, o la perra con
perrinos cumplen la función cardinal de cerrar el
relato y son los actantes del desenlace, pero el que
ataquen a la raposa y a los raposinos y los maten,
o el que espanten a la zorra sin matarla, son modos,
variantes, acciones no cardinales, catálisis. Podía
haber terminado el relato con la frase: el labrador
le soltó los perros (función cardinal), lo que sigue
(forma en que tratan a la zorra) es catálisis.

   c) La catálisis, indicios e informes actúan como
expansiones con respecto a las funciones cardinales,
del mismo modo que en la oración gramatical el
esquema de la Sentencia simple puede complicarse
con variantes, o la Frase Nominal puede reducirse
a un Nombre, o ampliarse mediante modificadores,
adyacentes, coordinaciones o subordinaciones.

   Las funciones cardinales no se miden por su valor
absoluto, sino por la naturaleza de sus relaciones.
Un haz de funciones cardinales constituye una secuencia que implica la sucesión lógica en relación
de solidaridad. Analizando las funciones en su dimensión sintagmática, con un criterio valorativo respecto a las relaciones con otras funciones del relato, se pasa al nivel de la sintaxis entre secuencias.
Del conjunto de secuencias se saca el sentido total
del relato.

   En resumen, las teorías de Barthes recopilan las
investigaciones realizadas por Propp y continuadas
por Bremond, Greimas y Todorov, y ofrecen un método de análisis que consiste fundamentalmente en
el reconocimiento de los distintos niveles, en la identificación de las relaciones horizontales en el sintag-

ma narrativo y en la proyección de todo hacia un
eje vertical implícito, de valores paradigmáticos.
Esto permite identificar las funciones utilizadas en
un tipo de relato, los personajes que intervienen y
el carácter de las relaciones entre las distintas acciones o unidades narrativas.

Con esto se ha solucionado el problema de convertir en materia apta para un estudio científico la
materia multiforme que se encuentra en la apariencia de los relatos, la diversidad de personajes prácticamente inagotable y la complejidad de las relaciones. Bajo una diversidad aparente, se pueden
identificar las mismas funciones, los mismos personajes, las mismas relaciones, en un número relati-
vamente limitado.

La aplicación del método a relatos concretos permite su clasificación, permite también conocer su
grado de elaboración (según la complejidad de las
secuencias de funciones) y permite establecer conceptos generales, aunque se aplique a una sola obra.

Hemos analiado un relato, en dos versiones *(El
labrador, el oso y la raposa)*, hemos visto sus funciones, las dos secuencias que incluyen, los indicios etcétera. Hemos visto, como contrapunto, el relato de
El llobu y la cabrina, con una sola secuencia simple,
y podríamos reconocer en cuentos más elaborados,
por ejemplo en *L'incantu los tres ermaos* (recogido
por Jesús Alvarez Cañedo en *El habla...* ya citado,
página 119), las mismas funciones, los mismos personajes que aparecen en los analizados hasta ahora:
el protagonista se triplica y la primera secuencia se
repite (uno de los hermanos, el primero, *quiere marchar*, *pide permiso* al padre, *marcha* / el segundo
quiere marchar, *pide permiso*, *marcha*) y con ligera
variante vuelve a incluirse (el padre *pide* a la hija
pequeña que *salga* en busca de sus hermanos/*marcha*). Aparece el auxiliar, la madre, que entrega un

vaso (elemento mágico, que sustituirá al engaño que propone la zorra, por ejemplo), y las secuencias van enlazándose con derivaciones y con interferencias de otros cuentos. Hay una yuxtaposición de secuencias, que dan sentido en el conjunto a las acciones y a los personajes, como puede comprobar quien leyere este relato.

El método puede aplicarse, con mayor o menor eficacia, al estudio de cualquier relato.

II. SINTAXIS NARRATIVA EN ALGUNOS ENSIEMPLOS DE *EL CONDE LUCANOR* [1]

Propp inicia el estudio funcional de los relatos sobre un *corpus* de cien cuentos rusos tradicionales. Sienta las bases de una nueva ciencia, la narratología, al formular el concepto de *función*, que permitirá identificar, bajo anécdotas y personajes diferentes, situaciones y actantes idénticos en orden a la narración. Bremond, Greimas, Todorov, Barthes y otros han seguido el camino abierto y hoy puede hablarse de un método semiológico de análisis de relatos, constituido por las aportaciones de todos esos investigadores.

Los estudios realizados hasta ahora se han verificado preferentemente sobre relatos tradicionales, que, como es sabido, presentan una sintaxis narrativa favorable para este tipo de análisis: suelen organizarse como una serie de acciones relacionadas entre sí en formas diversas pero con una lógica básica que las agrupa en secuencias, o conjunto de funciones.

Cuando los relatos no son tradicionales o cuando, aun siéndolo, son reelaborados por autores cultos,

[1] Publicado en *Prohemio*, VI, 2-3, septiembre-diciembre, 1975 (pp. 257-276).

no suelen atender tanto a la acción y la oportunidad del método semiológico puede quedar en entredicho, particularmente en lo que se refiere al nivel de sintaxis narrativa.

Algunos relatos no se reducen a una sucesión de acciones ordenadas en secuencias, sino que insisten, a veces, en un contraste entre dos formas de discurso, o entre dos formas lingüísticas, otras veces enfrentan puntos de vista diferentes sobre una misma acción, etc. Esto es precisamente lo que ocurre en muchos de los *ensiemplos* que constituyen la colección *El conde Lucanor* o *Libro de los ensiemplos del conde Lucanor et de Patronio*. Concebidos desde un sistema de moral práctica como consejos, basan su argumento en una trama mínima investida de un discurso que expone, amplía, suprime, reitera, o deja latentes las funciones, por lo que resulta difícil identificar las secuencias.

Sin embargo, otros relatos desarrollan una sintaxis narrativa en la que mediante el análisis semiológico se pueden descubrir secuencias y permiten interpretar el orden de las funciones como signo de un estilo, o, en general, como un valor significante.

Hemos elegido algunos de estos *ensiemplos* para estudiar formas de secuencias simples aplicando el modelo de Bremond. Tratamos de reconstruir la sintaxis de los comportamientos humanos que aparecen en el relato (sean situaciones de hecho, deseos, fantasías, órdenes, etc.) para relacionarlos con el estilo narrativo de don Juan Manuel y con su especial sentido de la moral y de la prudencia [2].

---

[2] Vid. sobre los conceptos que empleamos, R. BARTHES, «Introducción al análisis estructural de los relatos», en *Análisis estructural del relato*, 2.ª ed., Ed. Tiempo Contemporáneo, Buenos Aires, 1972 (pp. 24-25).

Seguiremos en cada relato, a través de la historia, la línea de las «elecciones» que han ido realizando los actantes y podremos descubrir, si la hay, una lógica de las acciones y una estructuración dinámica de los nudos de la obra que nos permitirá superar la mera descripción del relato.

En definitiva trataremos de interpretar, por medio del análisis de los comportamientos que don Juan Manuel hace seguir a sus personajes, la significación de los relatos y de su conjunto, trascendiendo el valor referencial de la anécdota, hasta llegar a la ideología básica.

Analizaremos las funciones y las secuencias tomando como criterio para delimitarlas los nudos del relato, y entendemos por tales los distintos momentos en que los actantes (el protagonista y el oponente, principalmente) han decidido actuar y han elegido una determinada acción entre dos o más posibles. Su elección entre varias posibilidades ocasiona una modificación en la historia y traza una línea de acción determinada y característica del estilo del autor en el nivel de sintaxis narrativa. Y advertimos que para esto no constituye un obstáculo el que don Juan Manuel haya cogido algunos de los relatos de la tradición, porque es evidente que ha elegido aquellos que convenían a su propósito.

El conde Lucanor ofrece también la posibilidad de verificar teorías del método semiológico en lo que se refiere a la significación que los signos adquieren por referencia a los sistemas semióticos y a la forma de discurso en que se usen. Es sabido que los signos lingüísticos configuran sus posibilidades de significación en el uso, por relación al contexto y por relación al tipo de lenguaje.

Los *viessos* que rematan los *exemplos* tienen un significado general, o muy amplio; enuncian una norma de conducta por medio de un refrán, de un afo-

rismo o incluso de una construcción que, aunque
nueva, está calcada en los moldes del llamado lenguaje sapiencial. El conjunto de refranes, aforismos
y sentencias forman un sistema de filosofía moral,
de praxis de prudencia.

Esa significación general —normas para una conducta prudente— se inviste de anécdotas, de una
historia y de unos personajes concretos, en situaciones determinadas, a las que se da un valor modéli-
co. Son los principios generales ilustrados en una
casuística.

El motivo generante y el encuadre de todos los
exemplos es el mismo: una situación vital ofrece
dudas al conde Lucanor y le mueve a pedir consejo
a Patronio. Don Juan formulará un consejo general
después de oír el relato de Patronio y la aplicación
del conde a su caso concreto.

Pueden distinguirse, pues, tres formas de discurso
correspondientes a las tres situaciones:

a) abstracción general en una sentencia *(viessos)*,
lenguaje sapiencial;

b) abstracción modélica en una anécdota (relato),
lenguaje literario;

c) situación vital, praxis, lenguaje funcional.

Don Juan Manuel pretende mantener idéntica significación en los tres niveles, pero naturalmente el
discurso debe ser diferente en cada caso y las relaciones que se establecen entre los signos y su significado *(relaciones semánticas)* son también diferentes: en *a)* el significado se verifica en el plano de
la lógica, por razonamiento; en *b)* la significación
adquiere dos aspectos: uno anecdótico, de valor referencial y de verificación directa en la realidad, y
otro literario, verificable sólo en razón del conjunto
que constituye unidad literaria (cuento, obra com-

pleta), y puede tener muchas interpretaciones, y
c) significación referencial, verificable inmediatamente en la actuación del conde. Las tres formas de
significación remiten a la filosofía, a la literatura
y a la vida respectivamente. De modo semejante los
narradores se someten a la convención que exige el
triple estilo: don Juan *resume* en un aforismo el
significado de la norma moral; Patronio *narra* en
forma literaria el ejemplo, y Lucanor *lleva a la práctica* el consejo.

Los tres sistemas pueden comprobarse en cualquiera de los relatos, y vamos a verlos sobre el de
doña Truana:

a) *sentencia: A las cosas ciertas vos comendat
et las fuyzas vanas dexat*

vale para todos los hombres y en todas las circunstancias y es reducible, como todas las sentencias de
los exemplos, a una norma de conducta, que puede
enunciarse en una proposición hipotética: si quieres
adquirir o conservar honra y riqueza, debes obrar
con prudencia.

b) *escena modélica:* es la historia de doña Truana,
ejemplar por vía negativa, ya que es un modelo de
cómo no se debe actuar. La protagonista siente deseo
de riqueza, pero no es prudente al elegir los medios
para conseguirla porque no se encomienda a las cosas ciertas y se limita a las *fuyzas vanas*, de donde
se deriva lógica, narrativa y realmente su fracaso
y su castigo, ya que no sólo no adquiere riquezas,
sino que pierde las que tenía, la olla de miel.

c) *caso vital:* un *omne* quiere convencer al conde
de que tendrá mucho provecho si sigue su consejo,
porque de unas cosas saldrán otras y la mejora será
grande. El conde no sigue el consejo del *omne*, pre-

fiere el que se deduce del *exemplo* de doña Truana, es decir, obra con prudencia, y sale mejorado, o, al menos, no se perjudica.

La significación básica es la misma y la conjunción de los tres sistemas semióticos a que remiten respectivamente las tres formas de discurso está perfectamente lograda: el sistema filosófico de moral práctica, el sistema literario de significación polivalente, y un sistema conductista en el que se verifica la norma y de cuya aplicación se deriva una mejora, se rematan en la frase que se repite siempre: «Al conde plogo esto mucho, et fízolo segund Patronio le conseió et fallóse ende bien» (83). Filosofía, literatura y vida garantizan un modo de actuar como prudente [3].

Si la frase con que terminan los *exemplos (et la ystoria deste exiemplo es ésta que se sigue:)* se refiere, como cree Blecua [4], a un dibujo *(ystoria)*, que estaría en el manuscrito original, la significación quedaría investida además con signos de un nuevo sistema semiótico, esta vez no-lingüístico, el de imágenes gráficas.

Por lo general, la significación de las obras literarias no se formula de una manera explícita, a no ser en algunos relatos breves (cuentos, fábulas, etc.) en que se resume en una moraleja, o en algunas novelas que a veces dan explicaciones en el prólogo o en ocasión de alguna polémica (piénsese en la que dio Flaubert sobre *Madame Bovary* como ejemplo de la nefasta influencia que un tipo de literatura puede ejercer sobre las mujeres). La significación de la obra literaria es polivalente y aún contando con que el autor aclare su intención, como en los casos alu-

---

3 Los números que siguen a los textos citados remiten a las páginas de la edición de *El conde Lucanor* hecha por J. M. Blecua en la Ed. Castalia, Madrid, 1971 (2.ª ed.).

4 Vid. *El conde Lucanor*, ed. citada, p. 61, nota 100.

didos, el lector, desde su propio sistema de valores sémicos, puede encontrar otras significaciones y dar otra interpretación. Y es que la significación de las conductas, tanto en el relato como en la vida, no es asequible en su totalidad simultáneamente por la observación directa exterior, ya que depende de los datos que se consideren pertinentes en cada caso. Particularmente la significación literaria, que no se agota en los valores referenciales, se configura en el conjunto de la obra, según la vea el lector. Conviene, sin embargo, puntualizar, en guardia contra una posible acusación de relativismo del método crítico que seguimos, que el lector no inventa, simplemente descubre nuevas significaciones según el ángulo de observación que elija.

Don Juan Manuel resume en unos *viessos* una interpretación del relato de Patronio, pero no por ello quedan excluidas otras posibles significaciones. En el exemplo de doña Truana la fantasía conduce al fracaso, pero el exemplo del hombre que sabía hacer alquimia, la fantasía resulta un medio apto para conseguir riqueza, y lo mismo ocurre en el cuento de los tejedores del paño mágico. La significación inmediata es contrapuesta en esos exemplos, pero no ocurre lo mismo si consideramos los valores semánticos del discurso más allá de la anécdota; en todos, sin excepción, se valora la praxis prudente en razón del fin que se busca: riqueza, honor, concordia, etcétera, e independientemente de toda moral. Como en los relatos populares, lo que importa es el éxito. Don Juan Manuel prefiere el triunfo a cualquier consideración ética.

Hemos elegido cuatro *exemplos,* dos de *fracaso* (el de doña Truana, VII; el del hombre al que limpiaron el hígado, VIII) y dos de mejora (el del hombre que sabía hacer alquimia, XX, y el de los tejedores del paño mágico, XXXII) para analizar la sintaxis na-

rrativa en relación al valor semántico del discurso
(conductas y anécdotas respectivamente) para comprobar que con anécdotas de significado referencial
muy distante, se puede descubrir una ideología básica común.

Al analizar los cuatro relatos hemos comprobado
que, a pesar de la anécdota diferente, son *variaciones* de una misma secuencia, por tanto, si la significación no cambia y la estructura narrativa es idéntica, lo que diferencia a los relatos es el discurso.

Centramos los análisis en el relato literario de
Patronio, prescindiendo del encuadre vital y filosófico común a todos los *exemplos* (diálogo previo Lu-
canor-Patronio; aplicación posterior en la conducta
del conde), cuya estructura ya hemos analizado.

Los cuatro relatos adoptan un tono popular en su
comienzo: *una muger fue que avié nombre doña
Truana...; un omne era muy mal doliente...; un omne era muy grand golfín...; tres omnes burladores
vinieron a un rey...*, pero, aparte del tono, no tienen
mucho de común a nivel de discurso.

La trama, sin embargo, responde en los cuatro a
la misma secuencia, que se manifiesta en variantes
diversas al introducir transformaciones: porque se
elimina una de las funciones que pasa a un estado
de latencia, porque se repite una de ellas, porque
se adopta un ángulo de visión simple o doble, porque se narra desde la perspectiva del actante o del
paciente, etc.

La secuencia, de tres funciones, se inicia, como es
frecuente, con una situación de *carencia* y el consiguiente deseo de superarla. Se pasa luego a los *medios* para conseguirlo y el *resultado* es positivo o
negativo, según se elijan y se apliquen bien o mal
los medios. La función de carencia puede presentarse directamente (doña Truana) o como un enfrentamiento con la situación de posesión (el hombre

que sabía hacer alquimia carece de riquezas/ el rey, que era hombre de mal *recado*, tiene riquezas). En este segundo supuesto, la secuencia admite dos perspectivas: la del que desea riquezas, a quien corresponde la acción, y la del que tiene riquezas, a quien corresponde tener prudencia para no perderlas, que implican respectivamente y simultáneamente un proceso de mejora o de fracaso, como dos caras de un mismo hecho.

La secuencia-tipo, válida como esquema de los cuatro relatos, es la siguiente:

Secuencia-tipo
a) carencia
b) medios para superarla (adecuados o no)
c) superación o fracaso

Las posibilidades de combinación de esas funciones e incluso de los elementos que constituirán el discurso, quedan agotadas prácticamente en los cuatro relatos de don Juan Manuel: dos son de fracaso, dos de mejora; el protagonista es individual (en tres relatos) o múltiple (en el de los tejedores); en uno de los ejemplos (el de doña Truana) hay un sólo actante, en los otros tres hay dos actantes (protagonista/oponente); en uno de los relatos (doña Truana) la oposición se establece entre la realidad y la fantasía, en otro la oposición es entre realidad y palabras, en dos la oposición dialéctica se establece sobre posesión y carencia y el relato es la historia de un engaño. Tres de los relatos se narran desde el punto de vista del sujeto de la carencia, el otro se cuenta desde la perspectiva del oponente (hombre al que limpiaban el hígado). Uno de los relatos suprime una función (hombre del hígado enfermo), los otros desarrollan las tres que constituyen la secuencia completa. Por último, uno de los relatos (el del

alquimista) después de cerrar la función de mejora
del protagonista (triunfo de su engaño), añade, en
tono de humor, otra virtual función que, tanto lógica
como narrativamente, no puede ser sino de fracaso.

Vamos a comprobar cómo se manifiestan en los
distintos relatos las variantes sobre la secuencia-tipo:

El exemplo de doña Truana se abre con la función de carencia: *era asaz más pobre que rica*, que
constituye el primer nudo narrativo al presentar posibilidades de elección a la protagonista. Doña Truana puede seguir siendo pobre, sin otras aspiraciones,
con lo que se agotaría el relato (al menos en la secuencia propuesta), o puede sentir el deseo de salir
de la pobreza. Si elige esta opción, el relato sigue
y debe presentar los medios para superar la pobreza. En la sintaxis narrativa las posibilidades de esta
función son muy variadas y pueden referirse a la
voluntad del personaje (buscar un tesoro, salir en
busca de fortuna, proyectar un engaño para quitar
riqueza a quien la posee, como harán el gran golfín
y los tejedores del paño mágico, etc.), o al azar (encontrar un tesoro, recibir un regalo, recibir una herencia...). Doña Truana elige un camino de fantasía
partiendo de algo real: la olla de miel que lleva al
mercado. A partir de este momento la acción sigue
por sí sola, sin elección por parte del actante, en la
dirección que impone el sistema de filosofía práctica latente en todos los relatos de don Juan Manuel.
La tercera función no puede ser otra que la de fracaso. Teóricamente, en otro tipo de relato, podría
adoptarse un desenlace entre otros, es decir, habría
posibilidad de elección, pero dada la posición conductista de prudencia en los cuentos, no es lógico
que para obtener algo real, la riqueza, se empleen
medios no-reales, la fantasía, si no se acompañan de
una acción prudente, como ocurre, por ejemplo, en
el relato de los tejedores que proyectan un engaño

y lo llevan a la práctica con minuciosidad, con oportunidad y con prudencia.

La variante que presenta el relato de doña Truana sobre la secuencia-tipo podemos esquematizarla así:

Secuencia
- a) deseo de riqueza
- b) medios para lograrla → fuera de lo real
- c) deseo no logrado ⟶ fracaso real

Es una secuencia simple que no implica oponente, ni siquiera otro tipo de actantes y, por tanto, excluye toda posibilidad de considerar otra perspectiva o de establecer cualquier clase de enfrentamiento. La única alternativa que ofrece una secuencia de este tipo en la sintaxis narrativa es la reiteración en la función *b)*. Y, efectivamente, don Juan Manuel la aprovecha presentado una serie intensiva: de la olla se pasa a los huevos, de éstos a las gallinas y de éstas a las ovejas. Doña Truana se aleja cada vez más de la realidad, que es su olla de miel, y no advierte que los pasos de una situación a otra no son automáticos ni sencillos. El contraste entre la realidad y su fantasía es cada vez más fuerte y se traduce a nivel lingüístico en el uso de verbos en futuro hipotético *(compraría, naçirían, valdría, compraría)* que llevan bruscamente a un tiempo de la realidad, y de valor puntual, además: *fallóse*. El contraste se reitera en el párrafo siguiente: un tono descriptivo, moroso, fantástico, se expresa con tiempos de valor durativo o reiterativo *(avía, yría, dízian, solía)* que se sustituyen por una sucesión de acciones rápidas expresadas en indefinido: *començó a reyr, dió en la su fruente, cayol la olla et quebróse.*

El nivel lingüístico y el nivel literario (significación referencial/sintaxis narrativa) quedan perfectamente acoplados en la reiteración de la función *b):*

medios, y en la reiteración del contraste entre series de tiempos verbales, que constituyen un verdadero *contrapunto* de significación única: oposición fantasía-realidad, inoperancia de la fantasía como medio (si se usa en exclusiva) para concluir una secuencia de mejora.

Este es precisamente el significado que destaca don Juan en los *viessos*. El relato remite, mediante informes, a otras significaciones, por ejemplo, *sociales:* en la comunidad en que vive doña Truana constituyen riqueza unos bienes más bien escasos, unas ovejas; o *personales:* doña Truana se complace en su hipotética riqueza por la consideración social que comporta, por lo que dirían sus vecinas, más que por otras razones; no alude a que podría tener una casa mejor, o a que podría comer más a su gusto, todo esto parece regocijarla menos que la posibilidad de sentirse honrada con la admiración de las vecinas. Todavía podríamos descubrir otro tipo de informes sobre significaciones lingüísticas, históricas, etc., a pesar de la brevedad del relato.

El exemplo de doña Truana es, sin duda, uno de los que consiguen total paralelismo en la significación de los tres sistemas: sapiencial/literario (trama-discurso)/conductista. A pesar de su sencillez, o quizá por ella, la integración entre la sintaxis narrativa y el valor semántico anecdótico y literario puede considerarse lograda plenamente. Constituye un relato típico de una secuencia de fracaso, con un solo actante, planteado por la elección de medios no aptos para el fin propuesto.

Más breve aún, el exemplo VIII *(De lo que contesçió a un omne que avían de alimpiar el fígado)* se estructura sobre la oposición de dos actantes: el protagonista y el oponente (hombre que tiene un gato/hombre del hígado enfermo), y se narra desde el punto de vista del segundo. El proceso de mejora

de uno de los actantes supone, según teoría enunciada por Greimas que podemos verificar perfectamente, el proceso de degradación del otro. En el
relato de doña Truana, al no haber oponente, no es
posible más que un solo punto de vista, pero en
este exemplo, como en todos los de dos actantes, la
secuencia puede ser considerada desde dos perspectivas:

A. Punto de vista del hombre enfermo del hígado

> a) posesión (del hígado)
> b) prudencia para conservarlo
> c) conservación

B. Punto de vista del hombre que tiene un gato
    que alimentar:

> a) carencia de comida para el gato / deseo de
>   adquirirla
> b) medios para obtenerla → palabras
> c) deseo frustrado ⟶ fracaso

Por lo general, la primera función de un relato
es de *carencia*, por eso consideramos la Secuencia B
como la del protagonista, ya que en la sintaxis narrativa la *posesión* no suele constituir nudo, sino
función final. Don Juan Manuel, ya lo hemos advertido, sobre la secuencia-tipo ensaya toda clase de
variantes, y en el ejemplo que estamos analizando,
introduce dos rasgos que lo caracterizan frente a la
fórmula general y que se constituyen en verdaderos
rasgos relevantes: 1) la narración está hecha desde
el punto de vista del oponente, que parece el protagonista (hombre enfermo), y 2) la situación de latencia de la función *c)*.

Desde la función *a)* el relato carece de nudos, es decir, de posibilidades de elección. Se plantea la primera función de tal manera que ni el protagonista debe pedir (por eso resulta absurdo que lo haga), ni el antagonista debe conceder (por eso no resulta absurdo que ni conteste). El cuento de doña Truana desemboca en fracaso porque los medios que se eligen para conseguir riqueza no son apropiados, pero, con todo, el fin era aceptable y viable. El cuento VIII constituye también una secuencia de fracaso porque la primera función está planteada a nivel semántico como absurda y a nivel sintáctico no constituye nudo, y además la función *b)* no pasa de la palabra. Si imaginarse rica es insuficiente para serlo, el pedir algo es insuficiente para tenerlo, particularmente cuando la petición se hace sin sentido. La desproporción lleva al fracaso. El relato no puede seguir, por eso la tercera función permanece en estado de latencia, es decir, no se expresa, aunque se deduce inequívocamente. El relato no nos dice expresamente si el hombre del hígado enfermo accede a darle un poco al que se lo pide para su gato, pero queda claro que no. Planteada así la función *b)* sobre un absurdo, no se constituye en nudo narrativo en el que el personaje pueda elegir, y, por tanto, se agota, no puede expresarse la función *c)*. El fracaso se anuncia desde *a)* y está implícito en *b)*.

Pensemos que los relatos de mejora se hubiesen planteado de forma semejante: un rey tiene riqueza, un golfín quiere quitársela, ¿bastaría que se la pidiese? Es indudable que no, pero si además le va al oponente en ello la vida, el fracaso está incluido en la misma petición. El proceso queda abortado por un planteamiento absurdo semánticamente.

En este ejemplo puede verificarse claramente la diferencia entre trama y discurso. La trama es la misma secuencia que resulta perfectamente válida con otro investimiento semántico. El discurso, la anécdota concreta, es lo que resulta absurdo y por ello aboca al esquema básico desde la primera función a un desenlace de fracaso.

La función *carencia* es siempre válida para iniciar un relato; la función *posesión* es menos frecuente como función inicial; pero en uno u otro caso la carencia y la posesión llevan necesariamente un objeto, que, también necesariamente, debe ser algo susceptible de ganancia o de pérdida, si se pretende que el relato siga. En otro caso se agota el relato. Es lo que ocurre en este cuento del hombre al que limpiaban el hígado.

Mejor planteamiento se advierte en los relatos de los tres tejedores y del gran golfín. Ambos se estructuran sobre una oposición: carencia/posesión (los protagonistas no tienen riqueza, el rey la tiene). Los protagonistas no se limitan a imaginar que ellos pueden llegar a tener riqueza (por azar, por trabajo, por engaño...), y tampoco se quedan en palabras, porque saben que la imaginación y el lenguaje son medios inadecuados; como son prudentes, pasan a la acción, que planean meticulosamente y la llevan con prudencia paso a paso y contando con la debilidad y la bobería del rey (tonto y/o ambicioso).

El énsiemplo XX, que narra «lo que contesçió a un rey con un omne quel dixo que faría alquimia» constituye una variante de la secuencia que hemos considerado tipo: función de carencia/medios para superarla/superación, desde la perspectiva del *omne:*

    a) deseo de riqueza
    b) medios para lograrla → proceso de engaño
    c) deseo logrado

El proceso de engaño culmina después de una serie extensiva: engaño al especiero/engaño al rey,

pero se juega con la posibilidad de un fracaso: hay
unos hombres que juzgan al rey como persona sin
recado por haberse fiado de un desconocido.

Desde la perspectiva del rey, la secuencia es de
fracaso, e incluso de castigo:

A. Secuencia de fracaso

    a) deseo de riqueza
    b) medios para obtenerla
    c) deseo no logrado

B. Secuencia de castigo o pérdida

    a) posesión de riqueza
    b) prudencia para conservarla o no
    c) fracaso o pérdida

Como en el relato de doña Truana la secuencia
de fracaso se presenta, pues, en dos intensidades: no
logran riqueza, pierden lo que tienen.

El ejemplo del alquimista, como el de los tejedores, están hechos desde la perspectiva de los engañadores (como algunos cuentos del Decamerón y la
novela picaresca), pero no del engaño (aunque triun-
fe). Lo que subyace e informa la sintaxis narrativa,
es decir, el motivo que explica las decisiones de los
protagonistas es la prudencia. Don Juan Manuel no
se regocija en el engaño, su postura puede interpretarse como de consejo al que posee las riquezas
para que no se deje sorprender por los engaños.
El rey, o en general el rico, debe cuidarse de los
que pretenden quitarle sus bienes: si no es *omne
de recabdo*, o se deja llevar de la ambición hasta
el extremo de caer en el ridículo, los golfines, que
actúan con prudencia, terminan robándole.

Quizá lo más relevante en el relato del golfín es
el modo en que se desarrolla la función *c)*. La sintaxis narrativa propiamente dicha se cierra a nivel

de discurso con la frase «assí fincó el rey engañado».
Todo lo que sigue (casi un tercio del relato) son
variaciones virtuales de la función *c)*. Frente al proceso de engaño que cierra la frase citada anteriormente, el relato podría desarrollar una secuencia de
mejora para el rey y de desconfianza injustificada
de sus súbditos. Pero tal como se han ido planteando los términos del relato, sería muy sorprendente
para el lector que se resolviese así. En la narración
se van incluyendo informes sobre la credulidad del
rey *(es omne sin recabdo)* en forma recurrente *(un
rey que non era de muy buen recado / fincó el rey
engañado por su mal recabdo / quando ovieron a
escrivir los omnes de mal recado, escrivieron ý al
rey / por quél escrivieran por omne de mal recabdo / non fincaría él por omne de mal recabdo)*. El
autor insiste en el calificativo hasta el humor, de
modo que no se conforma con cerrar el proceso de
pérdida para el rey, sino que lo dilata: reitera la
evidencia del engaño *(el golfín fuesse su carrera et
nunca tornó al rey);* el rey manda a casa del golfín,
al ver que tardaba, para conocer sus noticias, encuentran un *escripto* en el que declara el engaño
(mas sabet que vos he engañado), y todavía pregunta por qué lo consideran *omne de mal recabdo,* y
para mayor confirmación de su credulidad y bobería, dice que si el otro vuelve, él recuperaría la fama
de *omne de buen recabdo.* Con todos estos informes
sobre el carácter del rey, la ejemplaridad del relato
se hace evidente: una prudencia y un sentido común
al alcance de cualquiera que no sea tan torpe como
aquel rey, es suficiente para guardarse de los golfines.

Otro informe sobre el carácter del rey explica también su fracaso y su pérdida: es ambicioso *(desque
vio que de cosa que costaba dos o tres dineros, salía
una dobla, fue muy alegre)*.

Por otra parte, la prudencia en la acción del pícaro se pone de manifiesto con informes de todo tipo: primeramente se entera de las aficiones y ambiciones del rey *(se trabaiava de fazer alquimia)*, de sus defectos *(non era de muy buen recado)*. Son los dos informes que explican a nivel referencial la viabilidad de la función *b)*, es decir, la elección de los medios adecuados para el engaño. El golfín cambia su aspecto exterior *(vistiósse de paños muy assessegados)*; arriesga cien doblas *(tomó çient doblas et limólas)*; inventa el nombre de *tabardíe*, y, en resumen, programa todo sin dejar nada al azar. Toma sus precauciones para no parecer interesado, ni apresurado, y se permite, como pincelada de humor, aconsejar al rey que no se fíe de nadie, y el consejo es tan eficaz, como táctica, que el rey *(paresçiol que segund estas palabras que non podía aver ý ningún engaño)* descarta toda posibilidad de engaño. Todavía se insiste en la prudencia y en la calma del golfín cuando afirma que cualquiera podía ir a buscar tabardíe *(esto podría fazer otri tan bien o mejor que él)*.

Cada uno de los consejos del golfín constituye la reiteración del nudo de la segunda función, ya que ofrece al rey la oportunidad de reconsiderar su elección. La función *b)*, es decir, la elección por parte del golfín de los medios para superar su pobreza, abre un nuevo nudo referido a la conducta del oponente: el rey puede acceder o no a darle parte de su riqueza, y su decisión puede surgir en el momento en que se ve colmada su ambición (engaño directo), o cuando el golfín le dice que no se fíe de nadie (agotaría el relato con una decisión negativa), o cuando dice que cualquier otro podía ir a buscar el tabardíe (la secuencia podía terminar con pérdida del golfín, si el rey manda a un servidor de su confianza). Sin embargo, todos estos momentos de posibilidad de rectificación en un proceso de pérdida pasan desapercibidos para el rey, que confirma por vía indirecta esta vez que es *omne de mal recabdo*.

La recurrencia en los mismos informes (sobre la prudencia del golfín y sobre la falta de recado del rey) proporcionan al discurso un tono de humor que lo distancia del exemplo del hombre al que limpiaban el hígado, y lo aproxima al de los facedores del paño mágico.

En el exemplo XXXII, *de lo que contesció a un rey con los burladores que fizieron el paño*, hay un discurso más amplio en algunas partes y una anécdota diferente, pero el tono de humor lo aproxima al ejemplo XX, y, en cuanto a la secuencia, es la misma que ya hemos descubierto bajo los relatos VII y VIII.

Desde la perspectiva de los tejedores es de mejora:

a) deseo de rique-
za

b) medios p a r a   proceso ⎰engaño al rey
   conseguirla → → de   ⎱engaño a los
                 engaño servidores
                         engaño al pueblo

c) deseo logrado

Si consideramos la acción desde la perspectiva del engañado, la secuencia es de degradación y pérdida:

a) vanidad y deseo de riqueza

b) medios para conseguirla → proceso de degradación

c) deseo no logrado ⎯⎯⎯→ degradación cumplida

En la sintaxis de este ensiemplo constituye una nota relevante la reiteración de la función *b)*. El proceso de engaño se realiza en una forma progresiva en extensión y en intensión: el rey manda a su camarero / el rey manda a varios servidores / el rey va en persona / el rey manda a su privado / el pueblo lo ve y calla por temor al ridículo; el rey proporciona los medios para hacer el paño / el rey cree en el engaño / el rey se deja vestir / el rey sale desnudo a la calle.

El temor a la pérdida de la honra y de la riqueza mueve a todos a aceptar el engaño. No se aclara si el rey, como el del exemplo XX, era *omne sin recabdo,* aunque los hechos hablan por sí solos. El humor y la fina ironía del autor queda demostrada en la observación: *mas de tanto le avino bien que era verano.*

Como en el exemplo XX, también en el XXXII la función *c)* adquiere mucha extensión. En la sintaxis narrativa puede considerarse cerrado el relato con la frase *et assí passó este pleito.* A nivel de discurso, sin embargo, el relato se prolonga hasta consumar el ridículo del rey en el proceso de pérdida: pierde las riquezas y se pasea desnudo. La reacción ante situación tan insólita, que en el cuento analizado anteriormente se traducía en calificar de *omne sin recabdo al rey,* se pone ahora en boca de persona que no tiene nada que perder: un negro. Los pícaros en ambos relatos desaparecen en el momento oportuno: cuando el engaño está consumado.

La significación de los cuatro ejemplos, tal como la resumen los *viessos* finales, es así:

VII	A las cosas çiertas vos comendat et las fuyzas vanas dexat
VIII	Si non sabedes qué devedes dar a gran daño se vos podría tornar

XX | Non aventuredes mucho la tu riqueza
   | por conseio del que a grand pobreza

XXXII | Quien te conseia encobrir de tus amigos
      | sabe que más te quiere engañar que dos figos

Todas estas significaciones parciales son matizaciones de la significación general que hemos formulado en la sentencia de tipo hipotético: si quieres
adquirir o conservar honra y riqueza, obra con prudencia. Esta significación general se pone de manifiesto mediante el análisis de la sintaxis narrativa,
o estructura profunda de los relatos. Efectivamente,
la secuencia, en tres funciones, tanto si se mira
desde el punto de vista del protagonista como del
oponente, se resuelve siempre igual: planteada una
situación (de hecho, no por elección, por tanto queda
excluida la responsabilidad inicial), se mantiene o se
supera mediante la función *b)*, es decir, mediante
la *acción*, si los medios necesarios se eligen con prudencia: si se atienen a lo real y no a las *fuyzas vanas*, si no se da lo que no se puede, si uno no se
fía de quien no puede fiarse.

Los dos ejemplos de fracaso (el de doña Truana;
el del hombre al que limpiaron el fígado) consiguen
un perfecto paralelismo entre el significado de la
anécdota y el significado de la secuencia y de los
versos finales. Los otros dos ejemplos, los de mejora (el del golfín; el de los facedores del paño mágico), no consiguen esa *correspondencia* semántica,
a pesar de ser mucho más extensos, entre la sintaxis narrativa, la anécdota y la norma de conducta
que se formula en los versos. No parece que del
relato XX se pueda deducir unívocamente que el
consejo del pobre no se debe seguir; tampoco hay
una relación unívoca entre la anécdota de los tejedores y la conclusión de precaverse contra los que

exigen secreto para los amigos. En estos dos relatos
la anécdota se refiere más bien a la necesidad de
advertir los engaños que pueden conducir a la pérdida de bienes. Al repasar el discurso hemos obser-
vado que en el exemplo XX son relevantes los informes sobre la falta de *recabdo* del rey (sobre lo
que se insiste repetidamente), y paralelamente resulta relevante la repetición del nudo en la función *b)*, en cuanto que el golfín permite una y otra
vez, incluso con sus propios consejos, que el rey
rectifique su elección, pero ni por esas reconsidera
el rey su postura, que tiene un solo objetivo: *fazer
alquimia.*

Lo que se deduce no es un consejo sobre la pro-
cedencia del engaño (de un pobre), sino la falta de
seso y la ambición desmedida de un rey que le hacen
perder los criterios más elementales para descubrir
el engaño. Si el rey no estuviese empecinado (obsér-
vese la expresividad de la frase: *se trabaiava de fazer
alquimia)* en conseguir con pocos dineros buenos y
grandes beneficios, resultaría inverosímil que no ad-
vierta un engaño evidente para todos. Otra cosa es
que la evidencia provenga del hecho de que quien
promete riquezas carezca de ellas. La ofuscación del
rey es tal que se niega a ver nada: no ve los hechos
(el golfín no tiene riqueza y, si pudiese conseguirla
tan fácilmente, la tendría), no discurre con lógica
(el golfín mismo le dice que en este negocio no se
debe fiar de nadie, y no hace excepción ni de sí mismo), no comprende ni el lenguaje directo, ya que
aunque el mismo golfín lo declara expresamente:
sabet que vos he engañado, todavía confía en que
pueda volver con el *tabardie* y pueda él pasar a la
lista de los hombres listos. Es ciego hasta los límites
del ridículo.

No parece, pues, que exista un paralelismo entre
el consejo que deduce don Juan y la significación

del exemplo que narra Patronio. En todo caso la significación a que alude don Juan es un detalle del discurso. Creemos que el rasgo relevante del engañador es ser un golfín, no el ser pobre, que también lo era, aunque no tanto, si disponía de cien doblas para fabricar el tabardíe y podía alquilar una casa, y podía comprar paños *assessegados* y vivir un tiempo *en manera de omne muy assessegado*, etc. Un engaño así puede planearlo un rico que quiera aumentar su riqueza, sólo que tiene que ser golfín para no respetar la propiedad ajena y tener prudencia para llevarlo a cabo. El consejo final es que el rico debe guardarse con prudencia de los golfines avisados y prudentes.

Lo mismo ocurre en el exemplo de los tejedores. La secuencia, también de mejora o de pérdida en razón del ángulo que se considere, se desenlaza de modo que sirve de consejo de prudencia en las relaciones con los desconocidos y en la ambición personal.

El rey empieza a creer verosímil aquella extraña historia del paño mágico porque le ofrece un medio para descubrir cuáles de sus súbditos son hijos legítimos, lo que le permitirá a él heredar la fortuna de los que no lo sean (es costumbre de moros, aclara don Juan Manuel señalando de paso el origen del relato) [5]. A nivel de discurso los informes son muy variados, pero lo mismo que en el ejemplo XX el humor es motivo generante de repeticiones: el autor no se cansaba de reiterar la candidez del rey alquimista, y no se cansa ahora de reiterar que el engaño de los tejedores puede afectar a cualquiera, puesto que se basa en un rasgo general a todos. En el ejem-

[5] Vid. S. GUBERN GARRIGA-NOGUÉS, *Sobre los orígenes de «El conde Lucanor» de don Juan Manuel*, Instituto de Estudios Iberoamericanos, México, 1972.

plo XX el rey no fue capaz de salir de su engaño porque lo que resulta evidente para todos él no lo ve por su falta personal; el ejemplo XXXII basa su proceso de engaño en algo que afecta a toda la comunidad: honra y riqueza, y el único que estará capacitado para descubrirlo será un ser marginado que no tiene nada que perder: un negro.

Probablemente los engañadores contaban con la última posibilidad: que el engaño fuese evidente para los súbditos del rey alquimista que lo incluyen en la lista de hombres sin recabdo, o para alguien, como el negro, que no formase parte de la sociedad para la que era válido el engaño, pero su prudencia en la acción cubre ese riesgo y desaparecen a tiempo.

Son consejos válidos para una conducta prudente el no fiarse del consejo de un pobre para adquirir riquezas y el no fiarse de quien manda ocultarse de los amigos, pero la significación de los relatos XX y XXXII es otra, o, por lo menos, es mucho más amplia. El método de crítica semiótica lo pone de manifiesto.

III. SINTAXIS NARRATIVA Y VALOR SEMÁNTICO EN EL EXEMPLO XXVII DE *EL CONDE LUCANOR* [1]

En el capítulo anterior hemos analizado la estructura general de los *exemplos* de *El conde Lucanor*, cuyo valor semántico queda manifiesto a través de tres sistemas sémicos diferentes: el lenguaje sapiencial de los *viessos*, el lenguaje literario de la anécdota y el lenguaje funcional que expresa la acción del conde en la práctica: el consejo.

Prescindiendo ahora del marco general y común a todos los exemplos, nos limitamos al estudio de las funciones y su distribución en el relato XXVII: *De lo que contesçió a un emperador et a don Alvar Háñez con sus mugeres*, comparándolo con el exemplo XXXV: *De lo que contesçió a un mançebo que casó con una mujer muy fuerte e muy brava* [2].

El relato XXVII incluye dos historias para ejemplificar literariamente sendos modos de relaciones matrimoniales: la incompatibilidad más radical y la concordia más absoluta entre marido y mujer. El

---

1 Preparado para el Homenaje al doctor Moreno Báez, aún inédito.
2 Utilizamos la edición de *El conde Lucanor* preparada por el profesor Blecua para la Ed. Castalia (Madrid, 1971, 2.ª ed.). Los números que siguen a las citas que vayamos haciendo remiten a las páginas de esta edición.

conde Lucanor ha pedido a Patronio su parecer sobre la conducta de dos hermanos que, según él, se
comportan demasiado sumiso el uno y demasiado
enfrentado el otro, con sus mujeres respectivas. Las
dos maneras de actuación resultan incómodas, por
lo extremosas, para las personas con quienes tratan
los matrimonios.

Patronio advierte que son dos problemas y, por
ello, va a contestar con dos ejemplos *(estos exiemplos son dos et non vos los podría entramos dezir
en uno,* 156). En realidad es un *exemplo* con dos
historias, por lo que a nivel sintáctico tiene necesariamente una estructura doble, semejante a la que
presentan dos oraciones coordinadas que tengan el
mismo contenido semántico, una positiva y otra negativa. Patronio cuenta la historia del Emperador
Fradrique y su mujer la *emperadrid,* y después de
advertir que es una situación contraria *(mas a don
Alvar Háñez contesçió el contrario desto,* 160), la
de Alvar Háñez y su mujer, doña Vascuñana. Los personajes son diferentes, las anécdotas son contrarias
en una y otra historia, pero el significado de las
funciones y el valor de los actantes es el mismo
para ejemplificar la misma norma, por vía positiva
y por vía negativa, respectivamente.

A pesar de que Patronio dice que no podría contar ambos ejemplos en uno, teóricamente es posible
una estructura diferente, ya que, por contraste o
por transformación, pueden englobarse las dos historias en una: dos situaciones, por muy dispares que
sean, por muy distinto desenlace que tengan, pueden
dar lugar a historias que enfrenten a dos personajes
en un tiempo paralelo, o que sucedan a un sólo personaje en tiempos sucesivos. Es más, no sólo es posible teóricamente esta otra estructuración, sino que,
sin salirnos de *El conde Lucanor,* la encontramos
realizada en otro relato que, curiosamente, tiene el

mismo tema: las relaciones matrimoniales. Es el exemplo XXXV en el que la mujer, que tenía maneras «malas e revessadas» (188), como la *emperadrid*[3], se vuelve *buena et cuerda*, como doña Vascuñana *(fue aquella su muger muy bien mandada et ovieron buena vida*, 192). En un solo ejemplo se incluyen, pues, las dos situaciones: una mujer con la que resultaría imposible convivir se transforma en una encantadora mujercita que vela el sueño de su marido.

Un mismo tema puede, pues, estructurarse sintácticamente en formas muy diversas, sin que pierda el significado ni el valor de «modelo» positivo o negativo de una conducta.

La significación de los dos exemplos (XXVII y XXXV), tal como se recoge en los *viessos* finales, es un consejo para una conducta prudente en el primer día de vida matrimonial:

XXVII	En el primero día que omne casare deve mostrar qué vida a de fazer o cómmo a de pasar (168).

XXXV	Si al comienço non muestras qui eres nunca podrás después quando quisiéres (192).

La moraleja es idéntica y viene a confirmar que el autor considera a los dos *exemplos* como paralelos en el nivel semántico, al menos en el sistema sémico del lenguaje «sapiencial». Sin embargo, vamos a demostrar que la relación entre el significado de

---

[3] Es interesante comprobar cómo se repite el investimiento semántico cuando se repite el actante: la *emperadrid* era «la más brava et la más fuerte et la más rebessada cosa del mundo» (157-8); la mujer del mancebo era «muy fuerte et muy brava» y tenía maneras «malas et revesadas» (188).

los *viessos* y el significado de la anécdota no se establece de la misma manera para uno y para otro. En uno de ellos, en el del mancebo, los versos son el resumen del relato; en el otro, en la historia del emperador y de don Alvar Háñez, no son los versos finales el resumen lógico de la anécdota. El paralelismo, evidente en la moraleja, no se consigue en el relato en el nivel semántico, aunque sí en la sintaxis narrativa, con lo que viene a quedar demostrada la independencia de los niveles de análisis.

Los *viessos* del exemplo XXXV resumen perfectamente la significación de la anécdota: si alguien quiere casarse con una mujer de maneras «revessadas», fuerte y muy brava, debe tomar precauciones desde el primer día para asegurar la armonía, y así lo hace el mancebo, cuya conducta es evidentemente un canon positivo. La anécdota subraya la oportunidad de la actuación en el primer día del matrimonio, y para destacar esta circunstancia temporal se contrapone la misma conducta (matar a un animal doméstico para amedrentar a la mujer) del suegro, pero ya no sirve de nada, porque no está a tiempo, ha pasado su oportunidad, según la moraleja que se mantiene en el relato.

Por el contrario, en el exemplo XXVII no hay una correlación entre la historia que se cuenta y la moraleja en que se resume. De la historia del emperador Fradrique y de la historia de don Alvar Háñez no se deduce que sea conveniente actuar de una manera determinada y precisamente el primer día del matrimonio, lo que se deduce como consejo general de las dos historias es la necesidad de elegir bien a la mujer, de conocer antes de casarse sus maneras. La desgracia del emperador no deriva de su actuación en el primer día, sino del mal carácter de la emperatriz, que él desconocía al casarse con ella; y la buena ventura de don Alvar Háñez es consecuencia directa de su prudencia al elegir una mujer de buenas maneras.

El mancebo, que ya conoce las mañas de la moza fuerte y brava, obra en consecuencia y sigue desde el principio la conducta adecuada para hacerla cambiar. Don Alvar rechaza a las mujeres que no le convienen y se casa con mujer de buen entendimiento y de buenas maneras. La prudencia del mancebo se manifiesta en su actuación; la de don Alvar en su elección.

Tanto el mancebo como don Alvar fueron cautos en razón de los fines que perseguían: el mancebo quiere casarse con mujer rica, y pasa porque sea *revessada* porque sabe cómo hacerla cambiar; don Alvar, que ya es noble y rico, busca mujer de buenas maneras, no tiene por qué arriesgarse con una «revessada», o poco prudente. Por el contrario, el emperador busca una doncella «de muy alta sangre, según le pertenesçía», pero «non sopo ante que casase con aquella las maneras que avía» (157). Es evidente su falta de prudencia, sin embargo, en el exemplo se castiga a la *emperadrid*, sin que haya alusión alguna a la falta de prudencia del emperador.

Son ejemplos de conducta ejemplar (sirven de *exemplo*) el mancebo y don Alvar, y es negativo el ejemplo del emperador, que se casa sin saber cómo es la moza, y, una vez casado, ya no puede hacer nada, ni el primer día, ni después.

El paso de la significación literaria de la anécdota a la significación sapiencial de los versos no está justificada por igual en los dos relatos. Está lógicamente conseguida en el *exemplo* del mancebo. De la conducta del mancebo se deduce lógicamente que

Si al comienço non muestras qui eres
nunca podrás después quando quisieres (192)

sobre todo al contraponer los resultados de la acción
del mancebo y de su suegro, como ya hemos advertido.

De lo que se nos cuenta de don Alvar Háñez y del
emperador Fradrique y sus respectivas mujeres no
se deduce lógicamente que

*En el primero día que omne casare deve mostrar
qué vida a de fazer o cómmo a de pasar* (168).

No resultan estos versos resumen de las dos anécdotas que cuenta el *exemplo*. De ellas podría deducirse algo así como lo que enuncia el refrán «Antes
de que te cases / mira lo que haces», pero no la
otra norma.

Tanto el exemplo XXXV como el XXVII incluyen
anécdotas que sirven de investimiento semántico literario al tema de las «relaciones matrimoniales», y
pretenden dar consejos de conducta práctica a los
hombres, pero el planteamiento y el significado son
muy diversos, a pesar de la coincidencia de los viessos de las moralejas finales.

Al proceso de la conducta del marido en el primer
día del matrimonio precede un proceso de conocimiento, que se considera fundamental, ya que con-
dicionará las relaciones y la conducta futura de la
mujer.

El planteamiento de las relaciones entre marido
y mujer se basa en el modo de ser de la mujer y en
el conocimiento que de ella tenga el marido, así
como de las posibilidades de cambiarla, que parece
ser están limitadas al primer día: los intentos del
suegro del mancebo fracasan y los intentos reitera-
dos del emperador fracasan también. Teóricamente
tales relaciones quedan incluidas en el esquema
siguiente:

	a) modo de ser de la Mujer (de buenas maneras / revessada)
Relaciones matrimoniales	b) conocimiento por parte del marido (la conoce / no la conoce)
	c) posibilidad de cambio (el primer día)

Una vez planteadas las premisas y teniendo en cuenta las posibilidades de desarrollo y desenlace del esquema, no hay dificultad en incluir las tres historias en un relato, en el que, por ejemplo, tres maridos cuentan: 1) cómo ha elegido una mujer de buenas maneras y, en consecuencia, lleva buena vida; 2) cómo ha elegido una mujer rica, pero de malas maneras, y cómo ha conseguido hacerla cambiar, y 3) cómo se casó sin conocerla, cómo resultó *revessada* y cómo tuvo que matarla, porque no cambió, por más que él hizo para conseguirlo.

Don Juan Manuel no sigue este esquema único, que sería válido también, y reparte esta materia narrativa en dos *exemplos:* en uno cuenta el caso número dos (es el relato del mancebo que casó con mujer brava); en otro contrapone el caso uno (de Alvar Háñez) y el caso número tres (el del emperador Fradrique).

En el caso uno nos cuenta que un mancebo sabía que la mujer era *revessada* y pudo prevenirse actuando convenientemente para cambiarla desde el primer día. En el otro relato cuenta detalladamente la conducta de las mujeres, la de buenas maneras y la *revessada*, después del matrimonio. Explica muy poco de la conducta del emperador Fradrique antes del matrimonio, ya que no conocía a su mujer, y cuenta por extenso cómo don Alvar Háñez tenía, cuando se casó, la seguridad de las buenas maneras de doña Vascuñana. Es de notar que, a pesar de que se da mayor extensión a la conducta después del matrimonio, lo decisivo para contraponer los dos relatos es el proceso de conocimiento anterior al matrimonio.

Cada creación literaria es la realización de una de las posibilidades teóricas que ofrece un esquema general elegido previamente, del que, por tanto, es una variante.

En estos relatos que analizamos, el esquema general es la oposición «marido-esposa», que puede traducirse en *buenas* o *malas* relaciones, o en una transformación *malas>buenas*, es decir, respectivamente, la historia de don Alvar Háñez, la historia del emperador Fradrique y la historia del mancebo. Hay otra posibilidad teórica: la transformación *buenas>malas* relaciones, pero, dado el carácter pragmático de *El conde Lucanor*, no es probable su desarrollo. Efectivamente, don Juan Manuel no ha incluido esta variante en su colección de relatos. Podría tener cabida como ejemplo negativo, como la historia del emperador; en todo caso, sería otro tema: la necesidad de cambiar para sobrevivir, por ejemplo.

El esquema sintáctico general es, pues, el mismo para las tres historias, que son simples variantes, para las que el autor elige un investimiento semántico adecuado, las circunstancias y los actantes: emperador, don Alvar, mancebo; tres tipos de mujer; los rodea de familia, de cortesanos, de amigos; elige también las funciones concretas y su motivación inicial: deseo del mancebo de salir de la pobreza; deseo de casarse con mujer sensata, por parte de don Alvar; deseo de casarse con doncella de alta sangre, del emperador.

El *exemplo* XXXV, una vez planteado en sus términos, funciones y actantes, sigue lógicamente hacia su desenlace y culmina en los *viessos* finales que sancionan la conducta del mancebo como norma de conducta válida en general.

El *exemplo* XXVII reúne dos historias en una estructura sintácticamente coordinada, o, mejor, yuxtapuesta y semánticamente contraria. Una historia sigue a la otra sin que entre ellas exista una relación de subordinación en la sintaxis narrativa, por enclave de funciones, por persistencia de los actantes, por sucesión en el tiempo..., no hay nada de esto, las dos historias son, desde el punto de vista sintáctico, independientes y autónomas [4].

Semánticamente son opuestas, ya que una ofrece el ejemplo de cómo actuar y la otra de cómo no actuar en la misma circunstancia: la elección de mujer. La norma sería: «actúa como don Alvar Háñez», «no actúes como el emperador Fradrique», y en un esquema más general vendría a coincidir con la norma de todos los exemplos: «debes actuar con prudencia: como don Alvar, no como Fradrique».

La estructura sintáctica del *exemplo* es, pues, doble, por elección del autor, no por imposición del tema como parece deducirse de la afirmación de Patronio: *estos exiemplos son dos et non vos los podría entramos dezir en uno.* Dos anécdotas completamente diferentes en su discurso (diferentes funciones, diferentes actantes) se reúnen en un solo *exemplo* mediante la figura retórica del contraste: la primera es la obstinación de una mujer hasta el punto de resultar imposible la convivencia y no dejar otra salida que su muerte; la segunda es la su-

---

4 La coordinación carece de estructura sintáctica, es simplemente una operación de suma. Así lo ha entendido la gramática lingüística, acertadamente. Vid., por ejemplo, L. Tes-niére, *Elements de syntaxe structural*, París, 1959, p. 324; N. Chomsky, *Aspectos de la teoría de la sintaxis*, considera a las construcciones sintácticas coordinadas como construcciones *multirramificadas*.

misión más incondicional de la mujer al marido hasta el punto de negar lo evidente.

La independencia del nivel semántico respecto al sintáctico vuelve a confirmarse: el contraste en el significado no implica contraste en la sintaxis, ya que uno y otro relato tienen una distribución paralela y reiteran, como rasgo de estilo de su sintaxis narrativa, la repetición de las funciones por tres veces, pero bajo investidura semántica diversa.

El tema es, como ya hemos repetido, el de las relaciones matrimoniales. La historia del emperador se inicia con una situación de desarmonía a causa de la actitud de la emperatriz. El marido intenta todo lo posible para hacerla cambiar, y fracasa, porque ya no está a tiempo, y el único camino para terminar con aquella tensión será la muerte de la culpable. En la lógica de *El conde Lucanor* es culpable el marido, porque no ha buscado mujer de buen entendimiento, o porque no ha actuado convenientemente el primer día del matrimonio y, sin embargo, parece redimirse por sus intentos de conciliación que fracasan una y otra vez, dada la obstinación de la mujer.

Las funciones se presentan por triplicado, de modo que el relato parece avanzar con lentitud, con reiteraciones y análisis de todas las posibilidades. Planteada la situación de desarmonía, caben tres soluciones: cambio de la mujer/separación/muerte. Sólo después de comprobar reiteradamente la imposibilidad de las dos primeras, se llega a la tercera. Se busca la armonía, fracasa; se intenta la separación canónica, es imposible. Se llega a la única posibilidad de transformación: la muerte de la emperatriz.

El esquema triple será una constante de todo el relato, en todas las funciones. La única secuencia que las engloba se alarga al repetirlas, pero se trata de una secuencia simple:

a) *carencia*
de armonía ⟶ debida al mar carácter de la mujer

b) *medios*
para superarla → obstinación/imposibilidad de separarse

c) *fracaso* ⟶ muerte de la emperatriz

La secuencia principal y única está planteada, como tantos otras de los exemplos de *El conde Lucanor*, sobre una función inicial de *carencia*, una segunda de *medios* para superar la carencia, y una tercera, el desenlace, que invariablemente es de *fracaso*, si se ha actuado sin prudencia, o de *mejora*, si se ha actuado con prudencia (se contraponen por esta función última, la secuencia de la historia del emperador y la del mancebo). Cada una de estas funciones se manifiesta por triplicado y contrapuestas por los sujetos:

a) *carencia*
de armonía
él quiere comer — ella quiere levantar
él quiere dormir — ella quiere ayunar
él quiere algo — ella no lo quiere

Lo mismo en la segunda función, *medios*:

b) *medios*
acción del emperador ⟶ negativa, no consigue armonía
acción del Papa ⟶ negativa, no puede separarlos
acción cortesanos → negativa, no la convencen

En el segundo medio: la separación, se introduce un enclave que preludia el paso al desenlace, y que podría tomarse como primera función de una secuencia secundaria (posibilidad de cometer un de-

lito con impunidad/comisión del delito/impunidad),
pero no es necesaria para que continúe la acción.
El Papa dice que no puede separar a los esposos,
pero puede perdonar los delitos cuando ya estén
cometidos, no antes de cometerlos. El emperador
cuenta, pues, con la actitud de oposición sistemáti-
ca de su mujer, con la imposibilidad de la separación y con la promesa de perdón, si la mata. Por
otra parte, y probablemente para diluir su responsabilidad, de esa situación se derivan grandes males
no sólo para el emperador, sino también para sus
súbditos: casi tiene el deber de salir de ella. Todo
conduce hacia la misma salida y, sin embargo, no
se cita expresamente la palabra «muerte», mientras
se está viendo venir por la lógica narrativa más elemental: está latente desde el momento en que se
advierte que no hay otra posibilidad de cambiar
aquella situación (*desque otro cobro non podieron
fallar*, 158). Sólo al final se citará la muerte, cuando
ya es inevitable.

Se trata nada menos que de justificar un asesinato como «conducta prudente»; no nos extraña que
don Juan Manuel dé vueltas a las funciones e insis-
ta otra vez en la función *medios*, que se repite por
triplicado de nuevo, en otro orden:

b) *medios*
- acción del Papa ⟶ virtual perdón del delito
- acción del empera-dor ⟶ virtual asesinato
- acción de la empera-triz ⟶ autodestrucción

Ni el Papa debía haber sugerido el delito, ni el
emperador tenía que haberlo preparado, aunque sea
en forma indirecta, ni la emperatriz debía utilizar
el veneno, advertida como estaba por su marido y

por los cortesanos. Ella consuma su destrucción, pero el Papa la sugiere y el marido la prepara, conociendo a su mujer. La obstinación de la emperatriz es la causa inmediata de su muerte: ni el consejo, ni las amenazas, ni la experiencia de otros, nada la hace cambiar, y cuando la coge «la rabia de la muerte, ella repintiérase si pudiera, mas ya non era tiempo en que se pudiesse fazer» (160).

Analizando el nivel verbal, encontramos de nuevo la disposición triple en la acción del emperador, que quiere hacer cambiar a su mujer por *ruegos*, por *amenazas*, por *talante*, tanto la primera vez, antes de la visita al Papa, como la segunda: por *falagos*, por *amenazas*, por *conseios*. También cobra triple investimiento semántico, a nivel verbal, la oposición entre el marido y la mujer, que se repite:

el emperador queríe bien / ella desamava
el emperador tomava plazer / ella tomava pesar
el fazié algo / ella fazié lo contrario.

La oposición inicial (marido Vs mujer) se manifiesta, como puede comprobarse, en la acción (él hacía/ella no hacía) y en los modos de acción (él tomaba placer/ella tomaba pesar), pero no está planteada en la atribución: sabemos que la emperatriz era *revessada*, pero no sabemos cómo era el emperador. Para el relato, dada la posición de don Juan Manuel y de la época en general respecto al papel de la mujer en el matrimonio, no resulta pertinente el que la oposición se establezca sobre el defecto de uno o de los dos. Se da por supuesto que la desarmonía en el matrimonio procede de la actuación de la mujer; no sería verosímil un marido «revesado». Desde el punto de vista de la emperatriz, el que se opone es el emperador.

La reiteración de funciones, de acciones y de modos de acción tiene un valor significativo. No se incluye en el relato todo aquello que se da por supuesto en la mentalidad de la época, por ejemplo el papel de la mujer respecto al marido o respecto a los padres; don Juan Manuel economiza medios. Por eso puede deducirse que todo lo que está en el relato cobra un significado. Las repeticiones no dan información nueva, reiteran la que ya se conoce, pero pueden tener la finalidad de convencer al lector de que se han agotado todos los medios para hacer cambiar a la emperatriz y de que la situación había llegado a un límite del que era imposible salir. Bastaba decir, como información, que el matrimonio se llevaba mal, que el marido había hecho todo lo posible para cambiar las relaciones y que ha fracasado siempre, y lo mismo han fracasado todas las personas que lo han intentado, dada la obstinación de la emperatriz, pero en el discurso se repiten, bajo formas variadas, todas estas afirmaciones:

A. *Oposición* (se llevan mal marido/mujer)

1. él quiere comer — ella quiere ayunar
2. él quiere dormir — ella quiere levantar
3. él quiere algo — ella quiere lo contrario *(Resumen)*

B. *Medios* para cambiar la situación de oposición

1. por ruegos — por falagos (variante)
2. por amenazas — por amenazas (repite)
3. por talante *(Resumen)* — por consejos, por desengaños
                                            (variante)

C. *Sujetos* de la acción, que invariablemente fracasan:

1. el emperador (fracasa en el propósito de hacerla cambiar)
2. el Papa (no puede anular el matrimonio)
3. los cortesanos (no pueden convencerla del cambio)

Además de triplicar las funciones y los sujetos, la última vez resume las acciones o generaliza mediante un colectivo al actante, con la finalidad de alcanzar redundantemente el significado indirecto que capta el lector: la única posibilidad de transformar aquella situación es la muerte de la emperatriz.

El relato está hecho desde el punto de vista del emperador (actante-protagonista del relato) y sus acciones van dando materia narrativa: él es el que elige mujer, el que intenta cambiarla, el que va al Papa, el que prepara la muerte de la emperatriz. El autor parece querer liberarlo de culpa al disponer las funciones de modo que no tiene opción y, sin embargo, esta significación no se confirma en los versos finales, que le acusan directamente: su conducta en el primer día del matrimonio no fue la adecuada para conseguir una vida de paz con su mujer y es la causa directa de su desventura. Esta significación de los *viessos* se confirma al contraponer su historia con la de don Alvar Háñez, cuya ventura proviene de su prudencia al elegir mujer.

Insistimos, pues, en que no hay un paralelismo entre el significado del sistema literario y el significado del sistema sapiencial que recogen los versos. Cualquier formulación que se dé al consejo que deriva de la anécdota del emperador Fradrique parece que debe ser aplicable a la emperatriz, ya que ella es la que puede cambiar, él no. Al emperador se le presenta la acción sin *nudos*, ya que en ningún momento le es dado elegir entre dos soluciones: ni está en su mano hacer cambiar a la mujer, ni está en su mano separarse de ella. El relato avanza progresivamente sin que una decisión del emperador pueda hacer cambiar nada.

Atendiendo a este aspecto, la verdadera protagonista sería la emperatriz, ya que puede elegir: el cambio estaba en su mano. Podía seguir siendo revesada, o podía cambiar por los ruegos de su marido o de los cortesanos. Como ha elegido lo primero, la lógica narrativa lleva a un desenlace de muerte.

Los consejos que pueden derivarse de la anécdota, tal como se presenta, son dos: uno para los maridos, otro para las mujeres. El primero podría formularse, más o menos, así: si la mujer te sale revesada, mátala; el segundo, si eres revesada, cambia, pues en otro caso te destruirás tú misma. Ninguno tiene nada que ver con el consejo que deduce don Juan Manuel en sus versos.

La contraposición entre la historia del emperador Fradrique y de don Alvar se establece desde la etapa anterior al matrimonio, desde el momento de elección de esposa. Todos los detalles que se cuentan de los dos matrimonios no son más que confirmación del presupuesto inicial: la necesidad de elegir la esposa con prudencia.

La historia de don Alvar se opone a la de Fradrique y a los presupuestos de ésta. El emperador, al comenzar el relato, está ya casado, de modo que la elección de su mujer está fuera del discurso *(non sopo ante que casasse con aquella las maneras que avía,* 157). Don Alvar, por el contrario, quiere saber antes de casarse qué maneras tiene la mujer, porque quiere asegurar la armonía en su matrimonio. En su historia la secuencia de la elección es la más importante y la única funcional:

a) deseo de casarse (función de *carencia*)
b) pruebas para elegir una buena esposa (función *medios*)
c) acierto (función de *desenlace* de mejora).

Con el acierto (desenlace de mejora) termina la secuencia de Elección y podría el relato terminar con la frase «ca siempre ella quería et le conseiava lo

que era su pro et su onra» (163), que da testimonio
del acierto. Todo lo que sigue no supone avance en
la información, únicamente viene a demostrar lo
mismo que esta función ya ha adelantado. No hay
nuevas secuencias, no hay nuevas funciones, sólo
reiteraciones y confirmaciones de la función desenlace.

Ya en otro *exemplo* hemos comprobado que don
Juan Manuel no cierra el discurso cuando cierra la
trama, le gusta seguir para explicar al lector lo que
podemos llamar «efectos pragmáticos». Desde luego,
en la estructuración general de los ejemplos se incluye una dimensión pragmática: el conde Lucanor
lleva a la práctica el consejo que se deriva de la
anécdota y que se formula en los versos y se *falla
ende bien:* todos los exemplos están confirmados
como válidos, todos están verificados y por eso se
han incluido en el libro: «et porque don Iohan se
pagó desde exiemplo, fízolo poner en este libro.../
et porque don Iohan tovo este por buen exiemplo,
fízolo escrivir en este libro...et entendiendo don Juan
que estos enxemplos eran buenos, fízolos poner en
este libro...». Invariablemente una fórmula de este
tipo corona, con los *viessos,* la historia.

Pero no nos referimos en este *exemplo* XXVII a
ese pragmatismo general de la colección de cuentos,
sino a la introducción en el mismo discurso de juicios o valoraciones que las conductas de los personajes sugieren a otros personajes, que funcionalmente no han intervenido en la acción. En el ejemplo del hombre que dijo que sabía hacer alquimia,
después de consumado el engaño, es decir, después
de la función de desenlace, hay unos personajes que
juzgan al rey engañado como *omne sin recabdo,* con-
firmando la presentación que había hecho el autor
al comienzo del relato (*un rey que non era de muy
buen recado,* 123).

De igual manera, la historia de don Alvar Háñez cuenta cómo eligió mujer prudente entre las tres hijas del conde don Pero Ançúrez y cómo llevan buena vida de matrimonio. Y aquí acabaría la historia, pero se dilata contando cómo las gentes juzgan la situación de don Alvar. Para ello aparece un nuevo personaje, el sobrino, que habla en nombre del posible lector, ya que cuando don Alvar Háñez le contesta, le dice: *agora vos he dado la respuesta a lo que en l'otro día me dixiestes que me davan las gentes por grand tacha,* 166.

Don Alvar Háñez no contesta con palabras a la pregunta de su sobrino, sino que le demuestra con hechos que su mujer merece toda su confianza, y para ello se abre una secuencia de Conocimiento que, como en relatos muy elaborados, se establece sobre opiniones:

a) opinión desfavorable (función de *carencia* de conocimiento)
b) medios para cambiarla (función *medios*)
c) cambio de opinión (función *desenlace*: conocimiento cierto)

Insistimos en que esta Secuencia no tiene un valor funcional en el conjunto y que el relato podía terminar en el momento en que el autor afirma que una vez elegida la mujer de buenas maneras, el matrimonio tiene una vida tranquila y la mujer busca la pro y la honra de su marido. Que los demás lo sepan así, que se demuestre una, dos o más veces, no constituyen funciones que hagan avanzar al relato, son simples reiteraciones sobre la función *desenlace*.

La estructuración sintáctica de la secuencia de la Elección y de la secuencia de Conocimiento es paralela a la que ya hemos verificado en la historia de

Fradrique. Hay triples investimientos semánticos, principalmente en la función *medios*.

En la secuencia de Elección puede verificarse la función *medios:*

> a) habla con la hija mayor → fracasa
> b) habla con la mediana → fracasa
> c) habla con la menor → acepta

Las pruebas se refieren a tres motivos: es viejo (non era mançebo), es sañudo, es sucio; además hay un resumen: *et destas cosas le dixo tantas...* Doña Vascuñana, la menor de las hijas de don Pero, supo contestar a todo: si es viejo, lo compensa con la honra; si es sañudo, ella procurará evitarlo; de lo tercero es mejor no hablar; y el resumen final: *et a todas las cosas que don Alvar Háñez le dixo, a todas le sopo tan bien responder...*, 162.

La secuencia de Conocimiento también triplica los *medios:*

a) doña Vascuñana dice que las vacas son yeguas
b) doña Vascuñana dice que las yeguas son vacas
c) doña Vascuñana dice que el río corre hacia arriba

Después de esto no puede caber a nadie duda de que la mujer de don Alvar Háñez es de buenas maneras y procura *la onra et la pro de su marido*. Las repeticiones se hacen para confirmar una conclusión, de la misma manera que en la historia de Fradrique se repetía una y otra vez que la emperatriz no cambiaba por nada. El lector puede estar seguro que doña Vascuñana es ejemplo de buena esposa y que la emperatriz merecía la muerte.

De todo se deduce que no hay correspondencia entre el significado de las historias y el que resumen los versos finales. Tanto la historia de Fradrique

como la de don Alvar confirman que es conveniente
y hasta necesario tener prudencia al elegir esposa,
el cuadro subsiguiente de la conducta de las mujeres no deja lugar para la duda. El ejemplo del mancebo, por su parte, aclara que se puede elegir mujer
aunque sea torcida, si se sabe cómo conducirse el
primer día.

Como conclusión, que sin duda está de acuerdo
con la mentalidad de la época, pueden enumerarse
varios supuestos: si la mujer es buena, todo irá bien,
el marido sólo debe ocuparse de encontrar ese mirlo
blanco; si la mujer es revesada, cabe una solución,
que el marido lo sepa y se conduzca de forma que
desde el primer día ella sepa a qué atenerse; si es
revesada y el marido no lo sabe antes de casar con
ella, como no puede aprovechar el primer día para
hacerla cambiar, y después ya no hay remedio, sólo
cabe una solución, que la mate, y luego el Papa lo
perdona, y se alcanza la armonía que se buscaba.
No cabe duda de que don Juan Manuel aconseja
prudencia, conducta prudente en todo caso en razón
de un fin, que no tiene nada que ver con la ética
y sí mucho con la práctica.

De todos modos resulta inoperante el consejo de
ser prudente el primer día del matrimonio tanto en
la historia de don Alvar Háñez como en la del emperador. Don Alvar no necesita ese consejo porque
ya ha sido prudente al elegir esposa y tiene garan-
tizada la paz; y el emperador, por desconocimiento
ha dejado pasar el primer día, y no tiene otro camino que el de matar a su mujer. Los viessos no rematan el *enxemplo* más que formalmente; semánticamente no constituyen una consecuencia lógica. Es
lo que se deduce del análisis de la sintaxis narrativa y de su confrontación con el valor semántico en
los tres sistemas sémicos en que se formula: sapiencial, literario, conductista.

IV. NORMALIZACIÓN DE UN TEXTO LITERARIO: *LAS BABAS DEL DIABLO*, DE J. CORTÁZAR

Vamos a analizar uno de los relatos de J. Cortázar, «Las babas del diablo», que forma parte de la colección titulada *Las armas secretas* [1].

Se trata de un relato muy complejo en el que se cuenta una historia en un discurso narrativo sobre el que se problematiza continuamente: el narrador, el tiempo, la visión, los modos del relato, y hasta las mismas funciones de la historia, se discuten alternativamente.

El mismo título, *Las babas del diablo*, sugiere una interpretación de las conductas, pero se pone en entredicho en el texto al aludir expresamente a la posibilidad de una interpretación contraria: «*El chico se volvía y echaba a correr... perdiéndose como un hilo de la Virgen en el aire de la mañana*» / «*Pero los hilos de la Virgen se llaman también babas del diablo...*». Lo que en un momento del discurso se presenta como una liberación en una situación de

---

1 Citaremos por J. Cortázar, *Ceremonias*, Seix Barral, Barcelona, 1975 (5.ª ed.). Contiene este volumen dos colecciones de relatos, «*Final del juego*» y «*Las armas secretas*». «Las babas del diablo» ocupa 14 pp. (201-215). Las citas textuales las pondremos entrecomilladas simplemente, sin aludir a la página, dada la brevedad del texto.

enfrentamiento, vuelve a presentarse más adelante
como una corrupción lograda. El título y su repetición en el texto en un sentido ambiguo puede tomarse como un indicio sémico sobre un relato que se
caracteriza por su continua ambigüedad.

Las babas del diablo no responde a un modelo
estándar de relato de acción en el que las funciones
se organicen en un orden cerrado. Cortázar ofrece
datos, personajes, acciones, conductas, apariencias,
indicios kinésicos, etc. que pueden interpretarse en
varias historias, y además ofrece una discusión acerca de las posibilidades de las formas lingüísticas y
de las formas narrativas.

Por esa razón, no hay un narrador: se discute
quién puede narrar, y son varios los sujetos que van
tomando la palabra; no hay un ángulo de visión
desde el que se observen y valoren los personajes
y sus actos, va cambiando continuamente el enfoque
y la distancia y a la vez va cambiando la historia
posible de los personajes, no hay una lógica narrativa en la sucesión de funciones, situaciones o conductas, se repiten, se encadenan, se oponen, desaparecen, se presentan en parte como reales, en parte
como posibles, y en ningún caso llegan a un final, a
un desenlace, porque nada se rechaza y nada se confirma definitivamente. Los personajes no tienen un
rol definido, se presentan como sujetos de relaciones
posibles y, a medida que se descubren o se confirman datos, van organizándose en conjuntos para
posibles historias diversas.

Los signos que se ofrecen a la observación inmediata del narrador y éste incorpora al discurso, van
transformándose en datos para una historia, según
se articulen en una relación determinada, en un
conjunto o en otro, y van esbozándose relatos de
amor, de seducción, de celestineo, de homosexua-
les..., que no llegan ni a configurarse plenamente ni

a desenlazarse de ningún modo. Los personajes se presentan como sujetos de los que nada se sabe en principio y se describen desde afuera, desde una visión behaviorista, por su apariencia, por los indicios, por sus actos, por su actitud corporal, y parecen seductores, seducidos, terceros, etc. El autor, desde la perspectiva que ha elegido para su relato, y puesto que ha renunciado a tener acceso al interior de sus personajes, no puede aclarar nada sobre intenciones, ni sobre acciones que excedan el tiempo o el espacio desde el que observa. Todo el relato se articula sobre lo que el observador de una escena ve primero en un parque, al aire libre, luego en una fotografía en su casa un mes más tarde.

El narrador no es, pues, el conocedor de una historia que se disponga a contarla seguida o por partes, en un orden o en otro; adopta el papel de un observador que transcribe lo que ve y supone un comienzo y un final en el que encaje la escena que tiene ante los ojos.

Hay una parte del relato que se presenta como «real»: unos personajes, con su apariencia concreta, con unas actitudes precisas, en un tiempo y en un espacio determinados; otra parte es imaginaria, el narrador supone unos «modelos» de historias, más o menos literarios, que le proporcionan un marco limitado, con un principio y un fin, para encajar la escena.

Un relato así no se explica, como proceso semiótico, en una teoría de la comunicación como la que propone, por ejemplo, R. Jakobson: «Un proceso de transcripción de una noticia codificada de un individuo a otro». El narrador de *Las babas del diablo* no es el conocedor de una historia dispuesto a codificarla en un mensaje literario para ofrecérsela a unos lectores. Se presenta como alguien que observa una situación de la que previamente no sabe nada e intenta comprenderla encuadrándola en unos modelos generales. Los personajes, por lo que aparentan, pueden ser sujetos de una historia o de varias; esas historias pueden codificarse de varios modos. En resumen, sobre los datos sensibles que ofrece una situación concreta, pueden construirse varias historias y además pueden contarse de varias maneras.

Con esta disposición es evidente que el relato no puede ser una historia con un principio, unas funciones y un desenlace. El emisor, por otra parte, no es un conjunto de narradores sucesivos que dan su versión parcial hasta conseguir entre todos un conjunto más o menos coherente y cerrado. *Las babas del diablo* incluye varios relatos como posibles y simultáneamente explica la génesis de esos posibles relatos.

Una teoría de la comunicación como la formula A. A. Leontev podría explicar el cuento de Cortázar como proceso semiótico, como «elaboración de una concordancia entre una situación concreta, en la que se basa una actividad, es decir, entre el contenido, el motivo y la forma de esa actividad por un lado y la estructura y los elementos de la expresión verbal por otro»[2].

El narrador de *Las babas del diablo* trata de elaborar una concordancia entre la situación que se le ofrece como observador, es decir, con las limitaciones que proceden de su categoría «fenoménica» (no *es* toda la realidad de la historia, sino lo que un observador puede ver en un tiempo y en un espacio dados) y unos recursos verbales y narrativos que se plantean problemáticamente en el relato. En ningún momento se dice lo que pasa, porque no se sabe,

2 Vid. S. J. SCHMIDT, *Teoría del texto. Problemas de una lingüística de la comunicación verbal*, Ed. Cátedra, Madrid, 1977, p. 27.

solamente se supone, como posible, una historia a
partir de unos indicios; no se dice lo que ha pasado porque, al no entrar en el tiempo literario por
la actitud behaviorista adoptada, se desconce también; se supone que algo ha debido pasar, si ha de
explicarse la escena que se observa; tampoco se
ofrece un desenlace, porque no se conoce, ya que
de nuevo desborda el tiempo de la observación, se
sugieren como posibles dos o tres desenlaces.

El análisis directo de los personajes del discurso
nos va a demostrar que estamos en realidad ante un
proceso de conocimiento más que ante un relato
basado en una secuencia de acciones ya conocidas
y codificadas como mensaje literario: se nos permite asistir al proceso más que a su resultado.

Cortázar hace un relato sobre las posibilidades que
el conocimiento en sí mismo ofrece para construir
la historia. Si se adopta la posición de un observador (sin acceso, por tanto, al interior de los personajes) y se limita el tiempo y el espacio, el narrador
va dando testimonio de lo que está viendo y para
ello dispone de una competencia lingüística y literaria en las que elige una forma determinada.

Como el texto literario, frente al meramente histórico, debe contar con un principio y un final, y
en el presente relato lo «real» es solamente una escena limitada en unas coordenadas de tiempo y de
espacio, el principio y el final de esa escena únicamente pueden suponerse contando para ello con los
indicios sémicos que proporciona la situación obser-
vada en directo.

Parte del relato se presenta necesariamente en el
terreno de las suposiciones, no de las realidades
(dentro de la ficción) y, en consecuencia, no puede
resultar una historia lineal en la que una función
dé paso a otra. Cada una de las funciones del relato
es la concreción de una entre las varias posibilida-

des que ofrece la función anterior, pero cuando nada se presenta como realizado, todas las virtualidades quedan a la par, todas pueden llegar a realizarse y ningun queda excluida. *Las babas del diablo* no es una historia, sino varias historias posibles, virtuales.

Un relato con tal estructura no puede responder al modelo descriptivo de Propp, se explica más adecuadamente en el modelo generativo de Bremond. Dada la primera función de una secuencia, por ejemplo de Seducción, se abre un abanico de funciones; dados unos personajes, las posibles relaciones entre ellos son variadas; cada una de estas posibilidades se abre a otras nuevas, como los fuegos de artificio, y si ninguna de ellas se realiza, la historia no se cierra. Los personajes se presentan como sujetos de expectativas diversas, tantas como pueda sugerir el autor y tantas como pueda pensar el lector desde su propio ángulo de interpretación y según la coherencia que dé a los diferentes elementos de la obra[3].

Cortázar quiere contar algo (o el narrador quiere contar algo), porque le resulta una necesidad contarlo («cuando pasa algo raro... entonces hay que contar lo que pasa»), porque ha visto algo raro: una escena que una mañana de domingo en un parque de París observa un chileno francés (¿el narrador?) con unos personajes que encuadra en su objetivo de fotógrafo aficionado. Todo empieza a problematizarse: qué se va a contar, quién va a contarlo, cómo se

---

3 I. LOTMAN escribe: «Cette capacité d'un élément d'un texte d'entrer dans plusieurs structures contextuelles et de recevoir une signification conformément différente est une des proprietés les plus profondes du texte artistique.

En liaison avec cette particularité des oeuvres d'art leur spécificité se devoile parmi d'autres analogues de la réalité (d'autres modèles) qu'utilise l'homme dans le processus de la conaissance», p. 103 de *La structure du texte artistique*, Gallimard, París, 1973.

puede o se debe contar, qué orden se seguirá, cómo
se puede empezar, cómo se desenlazará, etc... El relato resulta ser el conjunto de unos personajes con
sus conductas y los problemas que plantea el presentarlos como sujetos de una historia en un discurso narrativo. Es un conjunto de funciones reales
o virtuales, la génesis y la problematización de su
expresión en un sistema sémico determinado y envuelto todo en un estilo verbal decisivamente ambiguo.

Las babas del diablo resulta uno de los relatos
más interesantes de J. Cortázar y ofrece la posibilidad de plantear prácticamente algunos de los problemas más discutidos en los análisis semióticos
del texto. Es el relato que tratamos de analizar, y
para ello disponemos de unos métodos y unos conceptos operativos entre los que vamos a elegir aquellos que resulten más adecuados a la especial naturaleza de este cuento.

El análisis del relato tropieza frecuentemente con
dificultades que proceden de una falta de tradición.
Mientras que cualquier método lingüístico puede apoyarse en datos y en unidades establecidas y delimi-
tadas por métodos anteriores, la teoría del relato
está en sus comienzos y busca sus propios puntos
de partida.

Varias veces hemos aludido a estas dificultades
y hemos tratado de sistematizar los caminos que hoy
tiene un estudio semiológico del discurso narrativo [4]. Una de ellas consiste en aceptar como unidades
del relato las mismas que ha establecido la ciencia

---

[4] Vid. MARÍA DEL CARMEN BOBES y otros, *Crítica semiológica*,
2.ª ed., Publicaciones de la Cátedra de Crítica Literaria, Oviedo, 1977.

lingüística, puesto que el relato se manfiesta por medio del lenguaje, el lexema, la oración, el tagnema, o cualquier otra unidad; otra de esas posibilidades consiste en establecer unidades específicas de lo narrativo.

La oración, unidad básica de la sintaxis lingüística, no resulta pertinente en el análisis del relato, pues no puede aclarar más relaciones que las propiamente lingüísticas, y lo mismo puede decirse del tagnema (unidad de comportamiento lingüístico) y de las llamadas unidades «más allá de la oración» que no conducen sino a ampliar el mismo tipo de unidades bajo una misma consideración, la lingüística [5].

Las oraciones y las unidades «más allá de la oración» las hemos utilizado en el análisis sémico del poema, porque permiten descubrir en el texto literario recurrencias morfológicas, sintácticas, de distribución, etc. y dan testimonio de la unidad del poema y de su inalterabilidad como texto. Sin embargo, para el análisis del relato esas unidades lingüísticas, más o menos extensas, no alcanzan pertinencia y tratamos de partir de otras que resulten más adecuadas: funciones, diagramas, esquemas, resúmenes, etcétera, es decir, unidades de significación [6].

Las funciones, tal como se vienen entendiendo a partir de Propp, son unidades propiamente narrativas y explican adecuadamente el nivel sintáctico de algunos cuentos tradicionales, de acción. Sobre ellas se han señalado unidades más amplias, como las se-

[5] No sólo en el estudio del relato, también en el análisis del texto lingüístico hay una orientación que lleva de la «gramática de la frase a la gramática del texto». Puede verse un resumen de autores y tendencias en S. J. SCHMIDT, *Teoría del texto* (ya citado), p. 20.

[6] Vid. W. O. HENDRICKS, *Semiología del discurso literario*, Ed. Cátedra, Madrid, 1976, cap. VI: «El estudio estructural de la narración. Análisis de ejemplos», pp. 181-200.

cuencias (Bremond) y han sido categorizadas por R. Barthes en funciones cardinales, funciones de catálisis, indicios e informes.

Hemos partido de estas unidades en el análisis de relatos y hemos podido establecer la estructura sintáctica de algunos cuentos tradicionales leoneses, de enxiemplos de *El conde Lucanor*, de relatos extensos *(Belarmino y Apolonio*, de R. Pérez de Ayala), y de obras de teatro (*Ligazón*, de R. del Valle Inclán). En todas estas obras analizadas las acciones se suceden de acuerdo con una lógica narrativa que las funciones dejan al descubierto. El método resulta válido si el objeto responde al interrogante que se plantea desde él: la obra narrativa descubre su estructura sintáctica o, por lo menos, responde a la estructura sintáctica que se proyecta desde el método.

En sustitución de las unidades «funciones», se han utilizado en el análisis del relato diagramas o esquemas, más o menos abstractos, que resumen o sintetizan unidades de significación válidas en la obra, o se ha tratado de establecer, de modos diversos, una oposición entre «historia» y «argumento» (o «discurso», formalistas; o «relato», G. Genette), o entre «estructura profunda» y «estructura superficial» (Hendricks), del texto literario. En todo caso con estos conceptos en oposición binaria se intenta precisar lo que es la historia o mínimo argumento lineal y lo que es el discurso literario, o disposición de los elementos argumentales en la obra. Es decir, se trata de diferenciar lo que se dice, independizándolo de cualquier sistema sémico, y la forma que adquiere en el sistema literario, con unos recursos sémicos propios, como el cine, la pintura, la mímica, etc.

El investigador busca y propone modelos más o menos generales, estructuras narrativas invariantes

bajo la diversidad de las variantes de los textos concretos a fin de alcanzar la comprensión en un método científico.

Los métodos seguidos suscitan en su mayoría re-
celos en cuanto a su punto de partida, ya que en
menor o mayor grado las unidades, los diagramas,
los resúmenes, etc. son propuestos por el investigador y, lógicamente, en forma subjetiva. Ninguno de
ellos alcanza la plena objetividad al establecer el
texto inicial sobre el que trabaja como «objeto de
estudio».

El texto concreto es el objeto inmediato de los
análisis y es indudable que se presenta en formas
diversas y que ofrece variantes en los sujetos, en
las acciones, en las relaciones y en los modos de
presentarlos. El crítico intenta descubrir bajo tales
variantes un modelo generalizante que le permita
trascender la mera descripción y «comprender» los
diversos textos en su especificidad de obras literarias. Determinado un modelo adecuado, las variantes
textuales pueden estudiarse como resultado de transformaciones que llevan de la estructura profunda a
la superficial, o de la historia al discurso, por exigencias del código lingüístico o del sistema literario.

Probablemente el autor que ha avanzado más en
el camino de la objetivización del texto inicial es
O. W. Hendricks. Si el resumen, las funciones, los
diagramas, son ya una interpretación subjetiva, lo
son en cuanto tratan de dar forma resumida y, por
tanto, nueva, a lo que el texto literario ha dicho de
otra manera más amplificada. Para evitar esto, Hendricks propone partir de lo que él llama «texto normalizado», es decir, el mismo texto literario en sus
mismas frases, pero reducido a lo narrativo funcional. El investigador no «interpreta» el texto, simplemente lo aligera suprimiendo todos aquellos elemen-

tos que no son narrativos, todas las frases de las que puede prescindir la historia.

Creemos que ni así se elude totalmente el riesgo de subjetivismo, porque la supresión de los elementos accesorios se hace necesariamente desde una previa interpretación semántica. Pero es indudable que el riesgo se ha disminuido.

Teniendo en cuenta que la historia se desenvuelve mediante el paso de una situación a otra, es decir, en progresión dinámica en el tiempo, y que los personajes aparecen en una situación y relación determinada que va pasando a otras, ya que en caso contrario no se daría relato, las oraciones que denotan tales cambios constituyen el texto narrativo mínimo, el texto normalizado.

Usando conceptos de la gramática transformacional, Hendricks determina una estructura subyacente (o sinopsis), constituida por los que él llama predicados monarios y predicados binarios. Los primeros corresponden a los nombres y adjetivos predicativos, los segundos a los verbos transitivos. A tales tipos (oraciones idealizadas) son reducibles todas las oraciones que pueden aparecer en la estructura superficial de una obra literaria narrativa.

En la estructura subyacente aparecen sólo dos tipos de oraciones idealizadas: las oraciones transitivas con agente y paciente humanos y las oraciones atributivas cuyo paciente (sujeto) es un nombre humano. Las demás oraciones no indican narración, sino descripción, o comentario. Las diferentes técnicas narrativas, bajo los límites que señala el código lingüístico, modifican la materia del relato y dan lugar a las variantes de los textos en la estructura superficial.

Hay construcciones en el texto que no tienen relación con la representación subyacente. Esto se debe a que el relato no se compone únicamente de discurso narrativo, incluye también otros tipos de discurso, como el descriptivo, el valorativo, los comentarios, las explicaciones, etc., que detienen la narración y amplifican el texto. El estudio del relato puede prescindir de los diferentes discursos no narrativos y partir de un texto normalizado, es decir, reducido a la estructura narrativa propiamente dicha.

Es quizá conveniente recordar que la obra literaria es todo lo que en ella hay; por tanto, no se reduce a lo narrativo. La reducción se hace buscando la estructura sintáctica y tratando de diferenciarla de la estructura verbal.

En realidad, los diagramas, la serie de funciones, los resúmenes, etc. de que parten algunos métodos de análisis no son más que formas diversas de normalizar el texto, pero, como afirmábamos, lo hacen de una forma indudablemente más subjetiva que la normalización que propone Hendricks. No decimos que aquellas otras formas no sean válidas, simplemente afirmamos que el método propuesto por Hendricks puede alcanzar mayor objetividad, lo cual no implica mayor adecuación. Vamos a aplicarlo al análisis de *Las babas del diablo*, y vamos a comprobar qué es lo que puede descubrir en orden a un conocimiento del relato.

Para alcanzar el texto normalizado son necesarias unas operaciones que se intenta sean lo más automáticas posible. Fundamentalmente son tres: *a)* sustituir las expresiones anafóricas por sus referentes, a fin de identificar y perfilar funcionalmente a los personajes del relato; *b)* separar los *enunciados de acción* y *los enunciados de descripción* o valoración, para llegar al relato mínimo; *c)* normalización de los enunciados de acción, únicos que constituyen la narración, a fin de hacerlos lo más semejantes posible gramaticalmente.

Esto nos permitirá llegar a un conocimiento de la estructura de este complejo relato y vamos a detenernos preferentemente en el análisis de los personajes, porque parece que son el elemento narrativo que ofrece más datos. Creemos con I. Lotman que «un texto artístico es un sentido construido con complejidad. Todos sus elementos son elementos de sentido»[7]. El estudio de cualquiera de los elementos nos conducirá a una mejor y más profunda comprensión del texto y pretendemos con el análisis de los personajes como elementos funcionales del relato y del discurso comprender la totalidad.

a) *Sustitución de las expresiones anafóricas por sus referentes.*

Interesan, como es lógico, las que se refieren a sujetos humanos, pues, como ya hemos afirmado, recogen el paso de una situación a otra de los personajes.

Las expresiones anafóricas suelen tener un valor descriptivo y una función identificadora. El signo lingüístico propiamente identificador es el nombre propio que denota toda la persona, aunque en sí mismo no significa nada, es decir, carece de notas intensivas. A lo largo de la narración suele sustituirse por elementos deícticos (pronombres) o por nombres usados metafórica o metonímicamente que destacan un rasgo del carácter o de la actuación del personaje, o bien dan con valor denotativo el nombre del oficio, de partes del cuerpo, de edad, de sexo, o cualquier otro que resulte pertinente en una oposi-

[7] Vid. I. LOTMAN, *Op. cit.*, p. 40.

ción de personas (la mujer/el joven) o de su actitud
(el de la cara blanca=el payaso).

En *Las babas del diablo* se encuentran efectivamente expresiones anafóricas de tipo deíctico y de
tipo metonímico referidas a los personajes, cuyo
nombre no se dice en ningún momento en el relato.
Tales expresiones tienen, por tanto, un valor identificador y a la vez definen funcionalmente a los personajes, ya que van sumando notas sobre ellos al
colocarlos en conjuntos de relaciones diversas. El
valor sémico de las equivalencias establecidas entre
ellas se agota en los límites del relato concreto en
que las identificamos, ya que la significación de
cualquiera de los elementos de la obra procede de
sus relaciones en ella. Son las siguientes:

1. YO=Roberto Michel (sustitución deíctica de
   tipo pronominal).

2. ELLA=la mujer rubia=la mujer=esa mujer
   (sustitución metonímica).
   EL=el muchachito=el chico=el muchacho=el
   adolescente=ese niño (meton.).
   Los dos personajes, con conjunto, se denotan
   en las expresiones: la pareja=dos que están
   ahí, desigualmente jóvenes.

3. EL=el hombre del sombrero gris=el hombre
   del diario=el hombre de la cara blanca=el
   payaso=el verdadero amo=ese hombre.

En estas expresiones anafóricas parciales (puesto
que aluden a toda la persona con un lexema cuyo
referente es sólo un rasgo de la persona) se pone de
relieve la edad, el sexo (la mujer/el muchachito),
una circunstancia de vestido (el hombre del sombrero gris), o de fisonomía (el hombre de la cara blanca, la mujer rubia), o de relación (el verdadero

amo)... En cualquier caso la sustitución de estas expresiones por sus referentes es una operación que cualquier lector es capaz de realizar. Tanto los indicadores de persona (anáforas deícticas) como los lexemas identificadores (metonímicos o metafóricos), aunque aluden a un solo rasgo tienen siempre una referencia unívoca, a no ser que la identificación individualizada resulte indiferente para el relato, como ocurre en las sustituciones anafóricas que denotan al narrador.

Esta primera operación del proceso de análisis permite, al sustituir las anáforas por sus referentes, interpretar sémicamente el conjunto de los personajes en un doble plano:

a) un narrador que actúa como Sujeto Primero (SP) o emisor del mensaje, que es el único de quien se conoce el nombre, Roberto Michel, y que unas veces aparece a nivel de superficie como YO, otras como EL, y hasta en forma tan ambigua como: *Yo, que estoy muerto / yo que estoy muerto (y vivo, no se trata de engañar a nadie...)*

b) unos personajes cuyas relaciones, sólo supuestas, constituyen las posibles historias esbozadas en el relato, y cuyas referencias, sean del tipo gramatical que sea, están invariablemente en tercera persona.

En torno al personaje narrador, que participa también en la historia como observador y como motivo del desenlace, se organiza el discurso como un proceso de conocimiento, puesto que no cuenta una historia, sino el modo en que él llega a conocerla, en parte mediante la observación (empíricamente), en parte por inducción (teóricamente). Curuchet dice que «la obra de arte es un proceso de conocimiento en desarrollo, un *knowledge in progress,* y sus leyes no son otras que las de la creación poética» [8]. Nosotros no nos referimos al valor testimonial de la obra, o de la literatura en general, como modo de conocimiento de la realidad, nos referimos exclusivamente a la presentación de *Las babas del diablo* como un proceso de conocimiento por parte del narrador que lo transmite en sus propios pasos al lector: conocemos lo que él va conociendo y a medida que tal conocimiento se va produciendo a partir de datos objetivos y de hipótesis interpretativas que los encuadran.

Los tres personajes del relato forman un trío amoroso, pero no en el sentido frecuente en la literatura de dos amantes y un tercero. El narrador los presenta en dos veces: primero una pareja cuya diferencia de edad es el indicio evidente de que hay algo raro, y más tarde un viejo que se incorpora a la escena y hace cambiar las hipótesis de interpretación.

El lector no puede menos que estar de acuerdo con el narrador en el tipo de relaciones que pueden darse entre esa mujer joven, pero madura, cuya mirada se define como «ráfagas de fango verde» (a pesar del color negro de los ojos, según se especifica en un contexto cercano) y un adolescente de actitud asustada. Ambos personajes forman un sistema sémico con su sola presencia: cualquier observador que considere la actitud corporal en que se presentan, el sexo y la edad de esos dos sujetos, los encaja en una historia de seducción. Sobre ella se insiste en su calidad de *mujer* (varias veces queda denotada con ese término general). De él se destaca la edad reiterantemente: el chico, el muchacho, el muchachito, el adolescente, el niño, y se aclara

---

[8] Cfr. J. C. Curuchet, *Julio Cortázar o la crítica de la razón pragmática*, Ed. Nacional, Madrid, 1972.

que tendría 14 años, quizá 15. Nunca se alude a él
con el término *hombre.*

Esta diferencia de edad se subraya continuamente en las referencias anafóricas al contrastar en opo-
sión binaria a un término, que permanece inalterable
(mujer), con una serie intensificadora del otro término de la oposición (hombre «joven»=chico, muchacho, muchachito, adolescente, niño). La oposición
léxica sería «hombre/mujer». La oposición literaria
válida en un virtual relato de seducción, modifica
el segundo término al sustituirlo por lexemas que
aluden a la juventud del personaje.

Si esos dos personajes son los sujetos del relato,
parece que su historia ha de encajar en el modelo
Seducción, y efectivamente el narrador propone al
lector unas posibilidades dentro de ese marco: que
la mujer haya atraído al chico, que el jovencito haya
intentado el papel de conquistador y se haya visto
envuelto en el lío por su propia osadía. En cualquiera de los dos casos, quedaría explicada la escena
presente en todos sus detalles de expresión corporal,
de actitud de temor, de actitud de dominio o juego
por parte del muchachito y de la mujer respectivamente. El desenlace, inducido desde la situación
presente, también puede ser variado: que el chico
se escape, que la mujer consiga llevarlo a su casa,
etcétera.

Es indudable que las anáforas deíctica (dos que
están ahí; él, ella), se complementan con anáforas
metonímicas que hacen destacar uno de los rasgos
y lo dan por el todo (mujer madura/chico joven),
para sentar las bases del relato y explicar la funcionalidad de los personajes en él. Es más, las anáforas metonímicas pueden servir de indicio sémico
para interpretar el sistema moral en que se basa el
relato. Basta contrastar lo que se dice de ella: *sus
ojos negros, sus ojos que caían sobre las cosas como*

dos águilas, dos saltos al vacío, dos ráfagas de fango verde; con lo que se dice de él: *un perfil nada tonto —pájaro azorado, ángel de Fra Filippo, arroz con leche— y una espalda de adolescente que quiere hacer judo y que se ha peleado un par de veces por una idea o una hermana.* Aparte de lo que denotan estas expresiones metafóricamente, la connotación que pueden sugerir es muy diversa.

La actitud de repulsa, que se inicia indudablemente en la descripción de la mujer, se intensifica fuertemente cuando se presenta el tercer personaje: ya no es un hombre viejo, con las notas adecuados a esa referencia (canoso, más o menos encorvado, vestidura adecuada, etc.), es el payaso, el hombre de la cara blanca, el verdadero amo.

El rasgo más destacado en la oposición entre el chico y la mujer es el de la edad; el tercer personaje no se introduce en el conjunto sino por sus relaciones de *verdadero amo,* repulsivo como tal. Quedan anuladas las posibles relaciones de seducción que se apuntaban como historia entre el chico y la mujer, cuando se creía que ellos dos únicamente constituían todos los personajes del relato. En esas relaciones el autor valoraba negativamente el papel de la mujer *(Michel es puritano a ratos, cree que no se debe corromper por la fuerza).* La aparición del viejo y la sospecha de que es el verdadero amo lleva al narrador a reconsiderar la historia en la segunda parte del relato, y a descubrir los verdaderos papeles del trío de personajes: uno es el amo, el personaje antipático, odioso, el payaso; el ayudante es la mujer *(presencia vicaria de la mujer),* y la posible víctima de una forma u otra de corrupción a la fuerza es el muchachito, con su inexperiencia total.

Tales personajes —sujetos de la historia— constituyen un sistema de elementos con significado al realizar unas relaciones que va descubriendo el narrador al poner en juego otros datos.

Curuchet dice que el verdadero tema de *Las babas del diablo* «no es una historia de una fotografía tomada en algún rincón de París, sino el de la creación poética. La perplejidad del escritor obedece a dos razones; por un lado, el escritor no acierta a imaginar las claves narrativas (punto de vista, etc.) que le permitan expresar adecuadamente el conflicto. Por otro, ni siquiera tiene una idea clara de lo que se propone relatar. La escritura es, en consecuencia, heterodoxa, porque el escritor procede por tanteo, tan pronto ensaya un método como cualquier otro» [9].

No creemos que los tanteos de *Las babas del diablo* se deban a que el autor no dé con las claves narrativas, o a que no sepa qué tiene que contar. El tema es lo de menos, puede ser la historia de una fotografía, una historia de seducción o de homosexualidad, cualquiera, puesto que el tema central del relato es —desde la lectura que proponemos— un análisis de las posibilidades del conocimiento como fuente de una historia literaria: podemos conocer porque observamos y porque deducimos; la observación puede fallar a veces, y lo mismo puede ocurrir con la deducción: basándonos en unos datos observados, podemos suponer una historia, si cambian los datos, puede cambiar la historia; con los mismos datos pueden darse diversas historias. Esto es el tema de *Las babas del diablo* [10].

_____

[9] J. C. CURUCHET, *Op. cit.*, p. 46.

[10] Con esta lectura que proponemos no resulta *Blow-up*, la película de Antonioni, tan distinta de *Las babas del diablo*. En «Apocalipsis de Solentiname», relato incluido en la colección *Alguien que anda por ahí* (Alfaguara, 1977), Cortázar alude a esto «qué pasó que *Blow-up* era tan distinto de tu cuento». Alguien le dice esta frase, a la que él no contesta. Si entendemos que la anécdota de la fotografía no es el tema,

El análisis de los personajes demuestra que tal lectura es válida, ya que simplemente en las anáforas metonímicas queda de manifiesto la posibilidad de interpretar actitudes y funcionalidad de los sujetos de la historia de diversos modos. Un análisis más detallado nos permitirá verificar mejor esta hipótesis.

En *Las babas del diablo* se diferencian perfectamente los sujetos del discurso y los sujetos de la historia, con una interferencia del narrador en la historia, en su desenlace.

Los sujetos del discurso son los varios narradores que intentan contar algo, una historia más o menos coherente y cerrada, basándose en la observación de una escena primero y de una fotografía de la escena después. Los que pueden contar son varios teóricamente y van alternando o superponiéndose en el discurso de modo que en ocasiones «nadie sabe quién es el que verdaderamente está contando».

Se habla de un posible narrador automático, la máquina de escribir, una Rémington, que escribiera sola, pero se descarta porque ya se sabe que no resulta verosímil; se habla después de otra máquina, «de otra especie, una Cóntax, 1.1.2., pero como tampoco resulta verosímil, se descarta y se piensa en un narrador humano.

Dentro de los virtuales narradores «Uno de todos nosotros tiene que escribir, si es que esto va a ser contado», se piensa en un hombre que puede estar

---

ni lo es tampoco la historia de seducción del muchachito, es indiferente que en la película de Antonioni se relacione con un crimen y se rodee de escenas de sexo. Lo significativo en uno y otra (cuento, película) es la inseguridad del conocimiento: la escena final, en que un espectador, el fotógrafo, sigue los movimientos de una pelota inexistente en un partido de tenis que juegan unos cómicos, tiene este sentido en la película. Los sentidos, a veces, nos engañan.

vivo o muerto: «yo que estoy muerto, que estoy menos comprometido... y puedo escribir sin distraer-
me», pero queda un tanto oscuro cuando más adelante leemos: «yo que estoy muerto (y vivo, no se trata
de engañar a nadie)» y, no obstante, a lo largo del
relato hay varias alusiones que pueden interpretarse
en el sentido de que el narrador dispone de unos
límites de observación muy reducidos, como pueden
ser los de una tumba, y hay alusiones a la inmovi-
lidad: «no puede ser que esto sea estar viendo continuamente nubes que pasan, y a veces una paloma».

Poco a poco todo va polarizándose en torno a Roberto Michel, «franco-chileno traductor y fotógrafo
aficionado», dueño de la Rémington y de la Cóntax,
que en un momento de la historia pudo haber sido
muerto por la mujer del relato: «vi la mano de la
mujer que empezaba a cerrarse despacio, dedo por
dedo. De mí no quedó nada, una frase en francés
que jamás habrá de terminarse, una máquina de
escribir que cae al suelo, una silla que chirría y
tiembla, una niebla».

Su máquina de escribir, su máquina de fotografiar, él mismo muerto, si la historia hubiera tenido
ese desenlace, que no tiene, y por último, Roberto
Michel, vivo, será el narrador.

Además de las anáforas deícticas o metonímicas
que ya hemos interpretado como términos que denotan a Michel, lo encontramos en el texto unas veces por medio de verbos en primera persona, como
narrador directo en estilo autobiográfico: «calculé
que hacia las once tendría buena luz..., miré..., recité...»; otras veces en tercera persona, lo que en la
convención del relato exige otro narrador: «Michel
es un porfiado... Michel es culpable de literatura...»,
y hasta en forma impersonal: «cuando se anda con
la cámara».

Es, pues, el mismo narrador, Roberto Michel, el
que va insinuando que pueda contar la máquina sola,
objetivamente; la cámara de fotografiar, limitada
pero objetiva sin duda; un muerto, que no está comprometido; pero termina contando él, aunque no tenga una confianza total en sus posibilidades como
presentador objetivo, porque el sujeto pone algo de
su parte y además el lenguaje también traiciona:
«todo mirar rezuma falsedad... sin la menor garan-
tía», pero «de todas maneras, si de antemano se
prevé la probable falsedad, mirar se vuelve posible».

El sujeto del discurso da las claves interpretativas del relato: nada está seguro, ni la historia, ni
los personajes (aunque son lo más real), ni las relaciones entre ellos. Nadie puede contar en forma
absolutamente objetiva, y con la plena consciencia
de que es así, el narrador se dispone a contarnos lo
que ve, como real, y lo que él interpreta como supuesto.

Ante ese narrador tan alertado y tan desconfiado
de las posibilidades del relato, transcurren una serie
de hechos, se desarrollan unas escenas en un parque
que le dan pie para suponer una historia en cuyo
desenlace él mismo participa al tomar una fotografía. Un mes más tarde, al revelar y ampliar la fotografía, vuelve a reconsiderar la historia que había
supuesto y piensa que es posible, con los mismos
datos, pensar en otra historia. Los sentidos ofrecen
la base para que el sujeto pueda construir historias.

Los sujetos de la historia son tres: un adolescente, una mujer y un viejo.

Una situación y un tiempo concretos: un parque
de París, una mañana de otoño, viento y sol, y alguien que observa: un fotógrafo aficionado que sale
a dar una vuelta, a coger lo que se presente como
interesante o raro. Aparecen como sujetos de una
posible historia un hombre y una mujer, una pareja

vulgar que hubiera pasado desapercibida en el conjunto del parque a no ser por dos rasgos: la edad
desproporcionada para ser una pareja normal y la
actitud de temor del chico. Esas dos notas empie-
zan a cobrar significado, adquieren funcionalidad
para basar una historia: probablemente la mujer
trata de seducir al jovencito. Por si algo pasa, el
fotógrafo se queda a la expectativa, observa la escena y, en un momento, movido no se sabe bien por
qué, hace una foto a la desigual pareja. La mujer
se enfada, discute con Michel y entre tanto el joven
se escapa y un nuevo personaje se presenta: un viejo
que estaba en un coche observando la escena desde
el principio mientras fingía leer el periódico.

Sobre tales personajes y con los datos que le ofrece la realidad de un modo inmediato, Michel sugiere a los lectores varias historias posibles. Nadie sabe
toda la historia, ni el modo en que se contará. El
fotógrafo tiene ante sus ojos unos personajes, pero
no puede estar seguro ni de lo que ve, porque lo
que parecía que se limitaba a dos parece que hay
que construirlo con tres, es una historia entre tres,
o quizá la verdadera historia implique a más personajes que ni entran en el relato. Mientras se cuenta sólo con la desigual pareja, la mujer madura y
el adolescente, y valorando los indicios sémicos que
proceden de la actitud corporal de ambos («el muchachito estaba nervioso... tenía miedo, pues eso se
lo adivinaba en cada gesto, un miedo sofocado por
la vergüenza» / «él era más alto, pero no mucho
más alto y, sin embargo, ella lo sobraba, parecía
como cernida sobre él... aplastándolo con sólo estar
ahí»), parece que puede interpretarse con verosimilitud una historia de seducción. En seguida queda
claro que lo que ofrecen los sentidos no es suficiente para conocer una historia, para interpretar unas
relaciones entre los sujetos. Al sumarse el viejo, si

realmente ha de tomar parte en la historia, no resulta verosímil la historia anterior y es preciso reestructurar las relaciones en otro esquema. La historia construida con pocos datos puede ser falsa.

El narrador se limita a transcribir lo que ve, no se remite a nada anterior como visto o conocido de antemano, y tomando lo que ve como indicio, imagina un posible pasado: que el chico llevado de su osadía se haya metido en el lío él solito, o que la mujer lo haya atraído, es decir, que la iniciativa haya partido de uno o de otra. Del mismo modo puede imaginarse el futuro inmediato con varias alternativas.

Creemos que este punto resulta muy interesante. Si se tratase de un relato histórico —o presentado como tal— los límites los señalaría la misma escena que se transcribe «realmente», pero como estamos ante un relato literario, lo literario como sistema semiótico específico tiene sus reglas y el relato debe tener un principio y un final. El narrador, que ha limitado voluntariamente el tiempo de su observación, debe suplir con la imaginación un principio y un final: «el chico estaba inquieto y se podía imaginar sin mucho trabajo lo que acababa de ocurrir pocos minutos antes... el resto era fácil porque estaba ocurriendo... su mayor encanto no era su presente, sino la previsión del desenlace... el muchacho se alejaría... o bien se quedaría. Todo esto podía ocurrir, pero aún no ocurría... imaginé los finales posibles».

Por esas afirmaciones y esa actitud del narrador ante los personajes creemos que la historia se presenta como un proceso de conocimiento: datos sensibles, tomados parcialmente, llevan a un falso conocimiento, puesto que no hay «las claves suficientes para acertar con la verdad». Pero aun suponiendo que los datos se completen, por lo que se refiere

a los personajes que intervienen en la historia, con
la aparición del viejo, sigue siendo imposible conocer la verdadera historia. *Los hilos de la Virgen se
llaman también babas del diablo,* y el desenlace primero que suponía la liberación del chico, el fracaso
del intento de corromperlo por la fuerza, podía sustituirse por otra historia reconsiderando los datos:
«de pronto el orden se invertía. Me tiraban a la cara
la burla más horrible... la de que el chico mirara
otra vez al payaso enharinado y yo comprendiera
que iba a aceptar, que la propuesta contenía dinero
o engaño, y que no podía gritarle que huyera... que
desbaratara el andamiaje de baba y perfume». Esta
sería otra historia posible construida con los mismos personajes y, desde luego, no la única, pues
caben más.

Cualquier percepción y clasificación de un fenó-
meno se realiza dirigida por una «teoría». El fotógrafo «ve» una escena y la «interpreta» en una historia literaria, condicionado por una serie de limitaciones que le impone su propia visión del mundo:
«curioso que la escena tuviera como un aura inquie-
tante. Pensé que eso lo ponía yo, y que mi foto, si
la sacaba, restituiría las cosas a su tonta verdad».
Y de la misma manera el código que se use para
expresar la historia —supuesto un conocimiento de
ella, o lo que se dé por tal— también impone unas
orientaciones o limitaciones de la libertad de expresión: «Michel sabía que el fotógrafo opera siempre
como una permutación de su manera personal de
ver el mundo por otra que la cámara le impone
insidiosa».

Michel es consciente de todas estas limitaciones
y cuando describe a los personajes que tiene ante
sus ojos (no ya cuando imagina) no queda satisfe-
cho de su propio lenguaje: avanza entre afirmaciones que rectifica continuamente y comenta, y acude

a la metáfora para poder dar intuitivamente lo que
parece que el discurso no es capaz de conseguir. Es
muy significativa en este punto la descripción que
hace de la mujer: «de la mujer recuerdo mejor su
cuerpo que su imagen. Era delgada y esbelta, *dos
palabras injustas para decir lo que era...* vestía un
abrigo de piel, *casi* negro, *casi* largo, *casi* hermoso...,
pelo rubio... cara blanca y sombría —*dos palabras
injustas*—... ojos negros, sus ojos que caían sobre
las cosas como dos águilas, dos saltos en el vacío,
dos ráfagas de fango verde». Subrayamos las rectifi-
caciones y los comentarios y queremos destacar aún
más el párrafo siguiente referido a ese lenguaje
metafórico cuyo referente son los ojos de la mujer:
«no describo nada, trato más bien de entender». Ha
dicho más arriba que los ojos de la mujer son negros, por tanto, el verde que sigue no puede tener
valor descriptivo, tiene un indudable valor simbólico
que se apoya en la connotación de ese color.

La misma postura encontramos en la descripción
del chico, en la que las generalizaciones alternan con
detalles individuantes, en un lenguaje metafórico al
que acude el narrador si necesita dar mayor expresividad: «del chico recuerdo la imagen antes que el
verdadero cuerpo... estaba bastante bien vestido...
un perfil nada tonto —pájaro azorado, ángel de Fra
Filippo, arroz con leche— espalda de adolescente...
esta biografía era la del chico y la de cualquier
chico, pero a éste lo veía ahora aislado».

En cuanto al viejo, el hombre del sombrero gris,
se hace presente en la narración y pasa un tiempo
antes de que se vea su posible funcionalidad en la
historia. Desde el principio recibe un trato despia-
dado por parte del autor: la isotopía «maldad» que
en la mujer queda de manifiesto indirectamente
(ojos de fango verde, risa como látigo de plumas),

se asocia en el viejo con la isotopía «fealdad» desde que entra en escena: una mueca le ladeaba la boca, le cubría la cara de arrugas, tenía el resto fijo, era un payaso enharinado, hombre sin sangre, la piel apagada y seca, los ojos metidos en lo hondo, y los dos agujeros de la nariz negros, más negros que las cejas o el pelo o la corbata negra, un payaso. No desmerecería ante el dómine Cabra.

El viejo no tiene papel en la primera historia, pero el lector está ya prevenido contra un personaje de ese aspecto y cuando un mes más tarde Michel revela la foto y construye otra historia (¿la sueña?) en la que interviene el viejo, el lector acepta sin ninguna extrañeza que el viejo sea el malvado, el que paga, el verdadero amo, que la mujer sea malvada sólo vicariamente y que el muchachito inexperto sea la víctima a la que es preciso salvar.

Los personajes van pasando de unas acciones supuestas a otras también supuestas, y todas ellas se construyen y aparecen como verosímiles con unos sujetos que son como los presenta el narrador. Los personajes en conjunto creemos que constituyen un sistema significativo que se actualiza en historias concretas, en relaciones determinadas, pero no únicas, sino variadas.

¿Cómo es posible llegar a conocer su verdadera historia entre esas posibles que quedarían anuladas? *Las babas del diablo* no da la solución, que podría ser la que toman los narradores del siglo XIX en su mayoría, es decir, una visión omnisciente, o podría ser alguna de las que adopta la narrativa actual: que varios sujetos cuenten su parte de conocimiento hasta completar la historia, o bien cualquier otra. *Las babas del diablo*, desde una visión behaviorista no puede dar solución a ese problema, se limita a plantearlo y, consecuentemente, se presenta como un

análisis de las posibilidades del conocimiento desde
esa postura.

b) *Enunciados de acción y enunciados de descripción en el relato.*

Los enunciados de descripción se identifican con
relativa facilidad, pues sintácticamente constituyen
un grupo de modelos oracionales cuyos verbos pueden llevar Predicado Nominal, y semánticamente no
suelen implicar tiempo, como *ser, parecer, aseme-
jarse, tener, estar,* etc. Expresan generalmente una
atribución temporal de una cualidad a un sujeto,
o una opinión del narrador sobre los personajes, o
bien una reflexión general.

Los enunciados de acción se construyen con verbos que se caracterizan sintácticamente por llevar
un sujeto personal y semánticamente por tener tiempo implicado, es decir, que independientemente de
que la forma verbal usada esté en pasado, presente
o futuro, la significación del verbo incluye como una
de sus notas intensivas «tiempo» y, por tanto, cambio.

Si el texto narrativo prescinde de los enunciados
de descripción, queda reducido a la línea argumen-
tal, que sigue la secuencia de los enunciados de acción de los personajes.

Los enunciados de descripción suelen dar informes objetivos o subjetivos sobre los personajes o
expresar juicios generales, como ya hemos afirmado:
*lo que había tomado por una pareja, se parecía mu-
cho más a un chico con su madre / era una pareja
en el sentido que damos siempre a las parejas / entre las muchas maneras de combatir la nada, una
de las mejores es sacar fotografías, actividad que
debería enseñarse tempranamente a los niños, pues*

exige disciplina, educación estética, buen ojo y dedos seguros.

Por lo general el escritor se resiste a dar en el relato moderno informes sobre atributos morales, lo cual exigiría una actitud ética por su parte, y prefiere que sea el mismo lector el que deduzca su juicio de la actuación de los personajes o de sus palabras, es decir, de cualquier indicio indirecto que pueda encontrar en el texto (juicio émico, según terminología de Pike) [11]. Naturalmente no pueden eludirse los juicios de valor y los encontramos, en forma indirecta, en metáforas, por ejemplo, en los adjetivos, etcétera. Una metáfora degradante o ennoblecedora constituye un juicio ético, ya que además de su valor denotativo connota el aprecio positivo o negativo del autor sobre el personaje al que la aplica. Por ejemplo, Cortázar, entre otros datos descriptivos de la mujer de la historia, señala el color de sus ojos: son negros; luego sigue, aparentemente describiendo, *sus ojos caían sobre las cosas como dos águilas, dos saltos al vacío, dos ráfagas de fango verde.* Parece un sin-sentido, pero en seguida aclara: *no describo nada, trato más bien de entender.* Y es que efectivamente, estos últimos no son enunciados de descripción, sino de valoración, de interpretación del personaje y de la conducta que de él puede esperarse. La expresión «ojos negros» tiene un indudable valor descriptivo, referencial, no supone intervención del sujeto observador más que para utilizar la función representativa del lenguaje; por el contrario, la expresión «dos ráfagas de fango verde» no tiene en absoluto valor referencial, ya que el color de los ojos de la mujer

---

11 Vid. Pike, K. L., *Langage on relation to unified theory of the structure of human behavior*, La Haya-París, Mouton, 1967.

no es el verde, es el negro, como ya ha dicho, ¿entonces cómo debe entenderse el término «verde»? Sencillamente como los demás de esa expresión «ráfagas» y «fango», «verde» tiene un valor connotativo degradante metafóricamente.

Los enunciados de descripción física o de valoración moral (bajo la forma gramatical de la variante que ofrece el texto) van alternando en el relato con los enunciados de acción. Mientras éstos hacen progresar el relato, aquellos van ofreciendo claves para comprender intenciones, motivaciones, etc. Vamos a verificarlo en un párrafo en el que subrayamos los verbos de descripción más claros en contraste con los verbos de acción. Entre unos y otros el relato progresa y ofrece al lector indicios sémicos suficientes para que se entere de lo que pasa y juzgue o interprete todos los datos en el conjunto sémico que es el relato:

> «Lo que había tomado por una pareja se *parecía* mucho más a un chico con su madre, aunque al mismo tiempo *me daba cuenta* de que no *era* un chico con su madre, que *era* una pareja en el sentido que *damos siempre* a las parejas cuando las *vemos apoyadas* en los parapetos o *abrazadas* en los bancos de las plazas. Como no *tenía* nada que hacer, me sobraba tiempo para preguntarme por qué el muchachito *estaba tan nervioso* como un potrillo o una liebre, metiendo las manos en los bolsillos, sacando en seguida una y después la otra, pasándose los dedos por el pelo, cambiando de postura, y, sobre todo, por qué *tenía* miedo, pues eso se lo adivinaba en cada gesto, un miedo sofocado por la *vergüenza*, un impulso de echarse atrás que se *advertía* como si su cuerpo *estuviera* al borde de la huida, conteniéndose en un último y lastimoso decoro.»

Creo que pueden diferenciarse con relativa claridad: 1) los enunciados de descripción sobre la apariencia física del muchacho y sobre su actitud corporal, que remiten a su estado de ánimo; 2) los enunciados de acción: el muchacho mete las manos en el bolsillo, las saca, pasa la mano por el pelo, cambia de postura, etc., es decir, acciones que preludian y explican, tan eficazmente como los enunciados descriptivos, el desenlace de huida del chico, y 3) los comentarios del narrador en primera persona: *había tomado, me daba cuenta, no tenía nada que hacer;* o con plural inclusivo: *el sentido que damos, cuando las vemos;* o mediante la generalización del impersonal: *se advinaba, se advertía* (cualquiera adivinaba, cualquiera advertía...). Estos comentarios tratan de generalizar los juicios de los enunciados descriptivos o de los de acción.

Siguiendo los mismos criterios, vamos a separar en la primera parte del relato (sólo ésa por razones de extensión) los enunciados descriptivos y los comentarios y dejaremos reducido el relato al «texto formalizado». No todo es nítido en esta operación, no se ve claro en algunos enunciados si pertenecen a una u otra categoría, en cada caso hemos tomado una decisión (de ahí la subjetividad de que hablábamos) y el resultado final son los cuarenta y cinco enunciados siguientes, que luego comentaremos:

1. Roberto Michel, franco-chileno, traductor y fotógrafo aficionado a sus horas, salió del número 11 de la rue de Monsieur-le-Prince el domingo siete de noviembre del año en curso.

2. Llevaba tres semanas trabajando en la versión del francés del tratado sobre recusaciones y recursos de José Norberto Allende, profesor de la Universidad de Santiago.

3. Calculé que hacia las once tendría buena luz.

4. Derivé hacia la isla de Saint-Louis y me puse a andar por el Quai d'Anjou.

5. Miré un rato al hotel de Lauzún, me recité algunos fragmentos de Apollinaire (que siempre me vienen a la cabeza cuando paso delante del hotel de Lauzún).

6. Me senté en el parapeto.

7. Después seguí por el Quai de Bourbon hasta llegar a la punta de la isla.

8. De un salto me instalé en el parapeto y me dejé envolver y atar por el sol, dándole la cara, las orejas, las dos manos (guardé los guantes en el bolsillo).

9. Encendí un cigarrillo por hacer algo.

10. Creo que en el momento en que acercaba el fósforo al tabaco vi por primera vez al muchachito... metiendo las manos en los bolsillos, sacando en seguida una y después la otra, pasando los dedos por el pelo, cambiando de postura.

11. El miedo del chico no me dejó ver a la mujer rubia.

12. Ahora, pensándolo, la veo mucho mejor que en ese primer momento en que le leí la cara (de golpe había girado como una veleta).

13. Comprendí vagamente lo que podía estar ocurriéndole al chico.

14. Michel se bifurca fácilmente.

15. Largo rato no le vi la cara.

16. A éste (al chico) lo veía ahora aislado, vuelto único por la presencia de la mujer rubia que seguía hablándole.

17. Pienso que en aquella mañana no miré ni una sola vez al cielo, porque tan pronto presentí lo que pasaba con el chico y la mujer, no pude más que mirarlos y esperar, mirarlos y...

18. El chico había llegado hasta la punta de la isla, vio a la mujer.

19. La mujer esperaba eso porque estaba ahí para esperar eso.

20. Quizá el chico llegó antes y ella lo vio desde un balcón o desde un auto y salió a su encuentro provocando el diálogo con cualquier cosa, segura desde el comienzo de que él iba a tenerle miedo y a querer escaparse, y que naturalmente se quedaría, fingiendo la veteranía y el placer de la aventura.

21. El muchacho acabaría por pretextar una cita y se alejaría tropezando y confundido, queriendo caminar con desenvoltura. O bien se quedaría.

22. La mujer empezaría a acariciarle la cara, a despeinarlo, hablándole ya sin voz, y de pronto lo tomaría del brazo para llevárselo.

23. Perversamente Michel esperaba, sentado en el pretil, aprontando casi sin darse cuenta la cámara para sacar una foto pintoresca en un rincón de la isla con una pareja nada común y mirándose...

24. Me hubiera gustado saber qué pensaba el hombre del sombrero gris sentado al volante del auto y que leía el diario o dormía. Acababa de descubrirlo.

25. Ahora la mujer había girado suavemente hasta poner al muchachito entre ella y el parapeto.

26. Los veía casi de perfil... ella lo sobraba... aplastándolo con sólo estar ahí, sonreír, pasear una mano por el aire.

27. Levanté la cámara, fingí estudiar un enfoque que no los incluía y me quedé al acecho, seguro de que atraparía por fin el gesto revelador. No tuve que esperar mucho.

28. La mujer avanzaba en su tarea de maniatar suavemente al chico.

29. Imaginé los finales posibles, preví la llegada a la casa y sospeché el azoramiento del chico.

30. Cerrando los ojos, si es que los cerré, puse en orden la escena.

31. Metí todo en el visor y tomé la foto.

32. Los dos se habían dado cuenta y me estaban mirando.

33. La mujer habló y exigió que le entregara el rollo de la película.

34. Me limité a formular la opinión de que la fotografía no está prohibida.

35. Mientras se lo decía gozaba socarronamente de ver cómo el chico se replegaba, se iba quedando atrás y de golpe se volvía y echaba a correr... perdiéndose como un hilo de la Virgen en el aire de la mañana.

36. Michel tuvo que aguantar minuciosas imprecaciones, mientras se esmeraba deliberadamente en sonreír.

37. Cuando empezaba a cansarme, oí golpear la portezuela de un auto.

38. El hombre del sombrero gris estaba ahí, mirándonos.

39. Comprendí que jugaba un papel en la comedia.

40. Empezó a caminar hacia nosotros, llevando en la mano el diario que había pretendido leer.

41. Caminaba cautelosamente.

42. Me había bajado del pretil, no sé bien por qué decidí no darles la foto, negarme a esa exigencia en la que se adivinaba miedo y cobardía.

43. El payaso y la mujer se consultaba en silencio.

44. Me les reí en la cara y eché a andar..., me volví a mirarlos.

45. No se movían, pero el hombre había dejado caer el diario..., la mujer, de espaldas al parapeto, paseaba las manos por la piedra con el clásico y absurdo gesto del acosado que busca salida.

El texto normalizado ofrece la posibilidad de un análisis del que vamos a deducir algunas cosas. Su estructuración como proceso de enunciación y como enunciado (es decir, como actividad y como producto de esa actividad) está basada en la existencia de dos narradores [12]: uno que habla, Roberto Michel, y otro que habla sobre Roberto Michel. El segundo narrador no pasa de ser sujeto latente de la comunicación, pues no aparece nunca en el enunciado y se limita a dar informes sobre Michel o sobre el discurso que Michel hace. Lo encontramos en esa situación de latencia en cuatro enunciados de los cuales Michel es el sujeto gramatical, en tercera persona; es el hablante que nos dice que:

[12] Vid. J. KRISTEVA, *Semeiotiké. Recherches pour une séma-nalyse*, Ed. du Seuil, 1969, pp. 24-25.

1. Roberto Michel, franco-chileno, traductor y
    fotógrafo...
14. Michel se bifurca fácilmente.
23. Perversamente Michel esperaba.
36. Michel tuvo que aguantar minuciosas im-
    precaciones...

y quizá el enunciado 2, que puede interpretarse al
menos como transición de la enunciación en tercera
persona a la enunciación en primera, ya que aprovechando el sincretismo de los morfemas de esas dos
personas gramaticales en el verbo, no aclara si el que
habla es Michel o su presentador:

2. Llevaba tres semanas trabajando... (yo lle-
    vaba / Michel llevaba).

En el enunciado 1 el narrador latente presenta al
que va a ser narrador expreso e informa sobre sus
cualidades y sobre las acciones iniciales que lo si-
tuarán en disposición de ser observador de una escena y narrador de la historia que construye sobre
tal escena: un fotógrafo (un observador), situado en
un tiempo concreto (domingo, siete de noviembre del
año en curso), se pone en movimiento por un espacio (salió del número 11 de la rue de Monsieur-le-
Prince). Este personaje será el narrador que a partir
de ahora va a transmitir al lector dos órdenes de
cosas: 1) lo que él hace o piensa (en pretérito indefinido, o en imperfecto de indicativo); 2) lo que
hacen otros personajes (en pretérito indefinido o
pretérito imperfecto) o lo que es posible que hayan
hecho o lo que harán (en pretérito indefinido: relato
supuesto, o en condicional).

Sobre Michel nos hablan los otros tres enunciados
del narrador latente en una especie de metadiscurso, ya que las expresiones *Michel se bifurca fácilmente* o *Michel espera perversamente* no se limitan

a dar informes personales, sino que hacen referencia a su modo de narrar o de observar respectivamente. También consideramos metadiscurso el enunciado 36. en cuanto que es un juicio desde afuera sobre los personajes de la historia y el narrador y sus respectivos modos de actuar: ellos furiosos, él esmerándose deliberadamente en sonreír. Tres adverbios *(fácilmente, perversamente, deliberadamente)* indican tres modos de narración y de actuación del narrador de la historia.

Aparte de estos cuatro enunciados en los que Michel interviene como sujeto gramatical en tercera persona y que necesariamente hacen suponer la existencia de otro narrador, en todos los demás del relato Michel es el narrador directo con lo que coincide con frecuencia el sujeto de la enunciación y el del enunciado; los personajes de la historia van invariablemente en tercera persona, a veces como sujetos, a veces como objetos gramaticales.

Los enunciados que formula Michel, que son todos excepto esos cuatro o cinco, tienen, como es lógico, puesto que nos hemos limitado a ellos, sujeto humano [13], y forman dos grupos, uno los que tienen como sujeto emisor y sujeto gramatical a Michel (identifican el Sujeto Primero de la enunciación con el Sujeto Gramatical del enunciado), otro constituido por los enunciados que tienen como Sujeto Primero a Michel y como Sujeto Gramatical a otro personaje:

I |Sujeto Primero (emisor): Michel
   |Sujeto Gramatical en el enunciado: Michel

---

[13] Se exceptúa el número 11, *el miedo del chico no me dejó ver a la mujer rubia,* que equivale a una oración con sujeto personal: a causa del miedo del chico no pude ver a la mujer rubia...

II | Sujeto Primero (emisor): Michel
   | Sujeto Gramatical en el enunciado: otro
   | personaje

En el grupo I se distinguen perfectamente los enunciados *monarios*, que responden todos al esquema básico SV, es decir, carecen de objeto humano y utilizan sin excepción el tiempo más caracterizador del relato, el indefinido; y los enunciados *binarios*, que responden al esquema SVO, con objeto de persona, y usan también el indefinido como forma verbal, excepto un caso de Pretérito imperfecto que indica reiteración.

El primer subgrupo está constituido por siete enunciados, los primeros, y seguidos, después de la presentación:

3.	calculé	7.	seguí
4.	derivé	8.	me instalé
5.	miré	9.	encendí
6.	me senté		

Recogen la acción del narrador, mientras busca un lugar de observación. Es interesante observar que las acciones son solamente dos: *andar* e *instalarse*, cuyo carácter funcional en el relato queda fuera de toda duda, ya que relatan cómo se busca y se encuentra un punto de observación para iniciar la historia.

A partir del enunciado 10. se inician los que responden al segundo esquema; puesto que ya han aparecido los sujetos pasivos, los modelos oracionales los incluyen constantemente. Son también siete enunciados que repiten el verbo «ver» (o su equivalente «mirar»), y el verbo «comprender» (o su equivalente «leer»):

10. vi al muchacho
11. no pude ver a la mujer
12. le leí la cara a la mujer
13. comprendí lo que podía pasar al chico
15. no le vi la cara a la mujer
16. veía al chico
17. no pude más que mirarlos

Los dos grupos, como puede verificarse, mantienen el sujeto, Michel, primero en acciones que no trascienden su propia persona, luego en acciones que lo ponen en relación, pero no aún en comunicación, con los otros personajes.

A partir del enunciado 18 y hasta el 30, Michel sigue como sujeto de la enunciación, pero deja la función gramatical de sujeto a los personajes de la otra historia. Cambian las formas típicas del relato, pues ya no se trata de contar lo que ha pasado, sino de dar una interpretación, de suponer un principio y un final para aquella escena que se está observando: alternan las formas de indefinido, pretérito imperfecto y condicional (o futuro hipotético), según el grado de verosimilitud con que el narrador quiera presentar las supuestas acciones. Aunque actúen como sujetos gramaticales, los personajes no toman nunca la palabra directamente para dirigirse al lector: Michel nos las transmite íntegramente o resumidas, puesto que nunca deja el plano que ocupa, intermedio entre los personajes y los lectores.

Después del enunciado 30. sigue la historia «real», y como ya se ha establecido relación y comunicación entre los personajes de la enunciación y del enunciado, los sujetos gramaticales son alternativamente uno y otros:

31. metí todo en el visor y tomé la foto
32. los dos se habían dado cuenta
33. la mujer habló y exigió

34. me limité a formular...
35. el chico se volvía y echaba a correr

Con este enunciado se desenlaza la historia, y los que quedan, hasta el 45, dan informes sobre situaciones (en imperfecto) y acciones (indefinido): por ejemplo, el 40. *empezó* a caminar / 41. *caminaba* cautelosamente; o el 42. *decidí* no darles la foto / 44. me les *reía* en la cara...

Del análisis del texto formalizado se deduce objetivamente lo que habíamos propuesto como lectura posible. Hay dos historias que en un momento se interfieren, rompiendo la lógica narrativa. Una historia envolvente, «real» en una secuencia de hechos:

1) Michel toma la cámara, busca un lugar de observación y un motivo
2) Michel toma una fotografía a unos personajes
3) Michel se niega a entregarles la foto y se burla

La segunda historia, interferida con la anterior a partir del punto dos, es supuesta por Michel, a no ser en los personajes:

1) posibilidad de una seducción
2) intento de seducción
3) fracaso

La función primera de las dos historias es independiente: el fotógrafo por su cuenta prepara las condiciones de la fotografía; la mujer y el muchacho se relacionan del modo que sea entre sí, sin la intervención del fotógrafo. En la segunda función se produce la interferencia: mientras transcurre el «intento de seducción», se toma la fotografía, que motivará el desenlace de fracaso de la historia de se-

ducción y motivará también la negativa final de la
otra historia.

Las dos historias constituyen la estructura profunda, mediante esos enunciados normalizados, de la
primera parte del cuento. En el momento del desenlace se introduce un nuevo personaje, que ya se
había presentado justamente en la mitad (enunciado 24.) de esta primera parte, y que dará lugar a
una reconsideración de la historia supuesta. Como
el tiempo ha pasado y la realidad ha entrado en el
túnel del tiempo (es un mes más tarde, el 11 de di-
ciembre, por tanto), lo inmediato real no es la escena, sino la fotografía que de ella conserva el narrador.

No vamos a formalizar la segunda parte, pues ya
hemos podido verificar el método en la primera parte; únicamente vamos a confirmar, con algunas con-
sideraciones sobre su estructura, la significación que,
como proceso de conocimiento, atribuimos al relato
en su conjunto.

En un momento de la primera parte, el narrador,
Michel, dice que la mujer parecía dar *las claves suficientes para acertar con la verdad*. Sobre esas claves (edad, sexo, actitud) estaba construida la historia de seducción que el autor propone. La aparición
del hombre del sombrero gris y el que entre en la nómina de personajes del relato (39. *comprendí que
jugaba un papel en la comedia*), obliga a una reconsideración de los datos y a una nueva estructuración
en el conjunto coherente que se busca.

Michel está traduciendo un libro, lo sabemos desde el principio, puesto que el narrador latente nos
lo ha presentado en el enunciado número 1. como
traductor (es su profesión) y *fotógrafo aficionado*
(es su ocio). El libro va a convertirse en la segunda
parte en el gozne de la historia y va a cobrar un
relieve sémico muy acusado. Es un tratado de *re-

cusaciones y *recursos*, y mientras lo traduce, el narrador recusa la interpretación que había propuesto
en la historia, pues no está conforme con ella y recurre a otra versión, que será la definitiva en el relato, puesto que con ella termina. No es más verosímil que la primera, no es más real, sigue siendo
supuesta, pero cierra el relato, no hay más.

De la historia «real» de la primera parte permanece la fotografía y el recuerdo de los personajes;
la interpretación y el desenlace eran supuestos y
pueden ser sustituidos por otra interpretación coherente con los nuevos datos de que se dispone.

Hay una frase de la traducción que queda inaca-
bada: *Donc, la seconde clé reside dans la nature
intrinsèque des difficultés que les sociétés...* y que
parece adquirir un valor sémico semejante al del
título del libro: si las relaciones no se limitan a la
pareja, como se creía, si hay que contar con el tercer
personaje, la historia ha de ser otra: es una extraña
sociedad de tres cuya naturaleza ya no puede ser la
seducción del muchachito por la mujer; el viejo tiene el papel de «verdadero amo», que desplaza a la
mujer a una «actuación vicaria» y el muchachito
sigue siendo la víctima, aunque cambie el tipo de
seducción que sobre él se pretende.

De todo este análisis concluimos que la historia
que se cuente no es relevante en este relato. El texto
formalizado nos descubre dos historias en la primera parte y dos historias en la segunda (una que persiste, la del narrador, y una que cambia, la de los
otros personajes); el relato va planteando en la superficie los problemas de la enunciación y de la
interpretación de los datos que ofrecen al narrador
los sentidos y la significación del conjunto atiende
más a un proceso de conocimiento que a una anécdota que puede tener una forma u otra cualquiera.

V. RETABLO DE LA AVARICIA, LA LUJURIA Y LA MUERTE. ANÁLISIS SÉMICO

El Retablo está constituido por cinco piezas cortas de teatro dispuestas en forma circular, ya que la primera, *Ligazón*, se corresponde con la última, *Sacrilegio*, ambas son *Autos para siluetas;* la segunda, *La rosa de papel*, y la cuarta, *La cabeza del bautista*, son *Melodramas para marionetas*, y hay una central, *El embrujado*, que lleva el subtítulo de *Tragedia en tierras de Salnés.*

Dos autos, dos melodramas y una tragedia. Los autos hacen parodia de dos sacramentos: el matrimonio y la confesión. Los melodramas escenifican casos de necrofilia; la tragedia es un drama rural, con algunas resonancias de teatro clásico.

Aparte de las coincidencias que puedan presentar los autos entre sí o los melodramas entre ellos, las cinco obras están, como indica el título, dispuestas como escenas de un retablo cuyo tema es la avaricia, la lujuria y la muerte. Las cinco desarrollan conductas que indican superstición e ignorancia, más que cultura, condicionadas por los modos y costumbres de una sociedad primaria, miserable, degenerada, en la que prenden con fuerza las pasiones de la avaricia y de la lujuria, que conjunta o alternadamente conducen a la muerte, unas veces del culpable (en los autos), otras del inocente (en la tragedia) y otras de personajes sin definir en cuanto a culpa o inocencia (en los Melodramas). Las cinco tienen un desenlace de desastre total para los personajes, que en ningún caso consiguen aquello que pretenden movidos por la avaricia o por la lujuria, sino que, al contrario, se encaminan a la muerte o al crimen.

Vamos a analizar los Autos y los Melodramas porque nos ofrecen la particularidad de que se presentan de dos en dos y es posible en ellos verificar, o en su caso falsear, una hipótesis de tipo semiótico: si a los indicios sémicos (significado de los signos lingüísticos) o a los sistemas sémicos literarios (conjunto de funciones o de personajes) hay que añadir otras significaciones que puedan proceder del modelo «auto» o «melodrama».

Por de pronto observamos una coincidencia en los títulos, los autos llevan sólo un nombre: *Ligazón*, *Sacrilegio*, que alude en ambos a un sacramento: en el primero se alude, no al matrimonio canónico, sino a una forma de compromiso de la pareja (ligazón de sangre); en el segundo se alude al escarnio que unos bandoleros hacen del sacramento de la Confesión. El título de los melodramas repite el mismo esquema sintáctico: *D ʌ de N: La rosa de papel*, *La cabeza del bautista*, y semánticamente denotan el motivo central en ambos: el adorno de la difunta que excita los sentidos de Julepe y la historia de Salomé que repite la Pepona.

Las coincidencias en el título son un detalle mínimo, si se quiere, pero ahí está y viene a sumarse al subtítulo común, y quizá a otros rasgos, que vamos a intentar poner de relieve mediante el análisis.

Frente a rasgos comunes y conductas paralelas en las obras, otras características son específicas de cada una de ellas, y no nos referimos, claro está, a personajes, situaciones o acciones que necesariamente son diversos, sino a elementos y relaciones de la sintaxis narrativa, o a modos de significar, o a relaciones pragmáticas.

Las cuatro obras que vamos a analizar forman, con sus personajes, la serie siguiente:

I. Autos para siluetas:

    a) *Ligazón*: Mozuela (Afilador) / Bulto (Ventera, Raposa)

    b) *Sacrilegio*: Sordo (Padre Veritas) / Capitán (bandoleros)

La oposición se establece entre la Mozuela y el Bulto que toman como auxiliares respectivamente al Afilador y a las dos viejas; y entre el Sordo (en relación con el Padre Veritas, en la parodia de la Confesión) y el Capitán, que representa a toda la banda.

II. Melodramas para marionetas:

    a) *La rosa de papel*: Julepe, Floriana, críos, Vecinas

    b) *La cabeza del bautista*: don Igi, la Pepona, el Jándalo, mozos

No hay una clara oposición entre los personajes, como en el caso anterior, porque en los melodramas actúan según las circunstancias del momento: no defienden unas ideas o unos principios, no tienen un carácter definido, son marionetas de apariencia humana y se mueven unas veces por la avaricia, otras por la lujuria, mientras que los personajes de los autos son avariciosos o lujuriosos a lo largo de toda la obra.

Las cuatro siguen una moral esperpéntica: los autos se desarrollan en razón de un fin que se presenta como bueno (alcanzar una buena posición en este mundo o en el otro: la ventera quiere mejorar a su hija en dineros; el Sordo quiere arreglar sus cuentas y conseguir el perdón antes de pasar a otra vida). Los melodramas son vividos por marionetas que no se proponen nada, que actúan en reacción a estímulos inmediatos: Julepe por el burujo de los cuartos y después por la belleza de su mujer amortajada; la Pepona por el dinero de su amante y luego por el amor del Jándalo.

El drama de estos personajillos no está en que les haya ocurrido ese caso concreto que viven en la obra, sino en su propio ser como personas, en la vida que llevan y en el nivel de cultura que alcanzan. El drama no consiste en que la Mozuela mate al pretendiente, que al fin y al cabo no enseña la cara en la obra y no conmueve al espectador; tampoco está el drama en el amor *post mortem* de Julepe por su mujer o de la Pepona por el Jándalo. La tragedia puede remitirse a un nivel más profundo: la existencia de personas con valor de bultos, de siluetas, de marionetas, de sombras. Es un drama más intenso que la propia anécdota, con ser ésta terrible, y afecta a la humanidad en conjunto y como tal: el que haya personas capaces de planear la venta de una hija por unos tragos y unas empanadas, o que maten para evitar que un relato de crímenes los conmueva, hace reflexionar al espectador sobre su propia naturaleza y quizá sentir esa «vergüenza antropológica» que Valle-Inclán dice haber sentido alguna vez. Si el autor se ha propuesto poner ante los ojos de las buenas gentes, que viven ajenas a las miserias físicas y morales de una parte de la humanidad, sujetos degradados que se mueven por pasiones como la avaricia y la lujuria sin enterarse apenas, es indudable que ha conseguido su propósito. Esos insólitos personajes tienen apariencia humana y conductas reducibles a modelos sociales, todos actúan siguiendo formas ritualizadas de comportamiento, pero degeneradas y fuertemente condicionadas por la situación personal. La Ventorrillera sigue el modelo de la Buena Madre que se ocupa del porvenir de su hija y de enseñarle buenas maneras; Julepe, siguiendo el modelo de Esposo amante y Viudo inconsolable, procura que nada falte en el entierro de Floriana; los bandoleros, como Buenos Camaradas, siguen la pauta social de conceder una última gracia al condenado a muerte y preparan una Confesión; la Pepona, modelo de Amante, está dispuesta a arriesgarlo todo y a no pedir nada a cambio, hay que ver cómo repite a don Igi que con ponerle el baúl en la calle está todo resuelto en el momento en que se canse de ella. La deformación y la degeneración vienen más tarde al realizar el contenido de las acciones, o al considerar las circunstancias. La práctica social incluye como buenas maneras el hacer aprecio de los regalos, pero hay que ver qué tipo de regalo trae la Raposa a la Mozuela.

La deformación del modelo de conducta es constante en todas las obras como recurso literario de distanciamiento y está subordinada al mensaje literario, no remite a una realidad concreta. No quiere esto decir que no puedan reconocerse en la realidad social de la España de Valle-Inclán tipos y conductas semejantes, es más, la insistencia en incluir siempre personajes así puede entenderse como un deseo de subrayar su existencia. El autor pudo haber utilizado personajes variados en cuanto a la «visión del mundo», moral, social o familiar, pero insiste en los de un mismo nivel, por lo que interpretamos que están en función de un mensaje, y quiere decir que existen esos personajes degenera-

dos, esas situaciones esperpénticas, esas conductas
amorales, y que una parte de la humanidad es así, o
por falta de medios mínimos de vida, por falta de
una cultura mínima, por falta de formación mínima.

Estos rasgos son comunes a las cuatro obras que
analizamos y componen un verdadero retablo de
conductas avariciosas, lujuriosas que llevan a la
muerte bajo anécdotas diversas en cada obra, y
se presentan paralelamente en los autos y en los
melodramas.

Los autos

Tanto en *Ligazón* como en *Sacrilegio*, el subtítulo
Auto para siluetas está más que justificado. El DRAE
define *Auto* como «composición dramática de breves
dimensiones y en que, por lo común, intervienen
personajes bíblicos o alegóricos». En ninguna de las
dos obras hay personajes bíblicos ni alegóricos, pero
en ambas hay una relación de parodia con un sacramento: el matrimonio canónico parodiado en una
«ligazón», y la confesión que los bandoleros toman
a broma y el Sordo toma en serio. Las dos compo-
siciones son dramáticas y de breves dimensiones.

En los dos autos se presentan personajes que no
se individualizan por el nombre propio, sino por
notas del carácter o de conducta. En *Ligazón* se
nombran por las relaciones familiares (Madre, Hija),
o por el oficio (Ventorrillera, Afilador), por la edad
(Vieja, Mozuela), o por la funcionalidad en la obra
(Raposa), o incluso por la simple presencia (Bulto).
En *Sacrilegio* todos los personajes tienen apodos, y
sólo se destaca el Sordo, del que conocemos varios
detalles y sabemos que se llama Frasquito Manchue-
la; los demás se denotan por un apodo que informa
sobre su funcionalidad en la obra (Padre Veritas=

falso fraile), o no da ningún informe: Vaca Rabiosa, Carifancho, Patas Largos, Capitán, aunque connotan la profesión, ya que claramente son «alias» de bandoleros.

El DRAE define «silueta» como dibujo sacado siguiendo el contorno de la sombra de un objeto, y, efectivamente, tanto los personajes como las cosas de los autos se presentan continuamente como sombras, bultos, perfiles, en el lenguaje de las acotaciones. La insistencia es más acusada en *Ligazón*, sin que falte en *Sacrilegio*. Los personajes son como contraesculturas, contrapersonas, que se definen por su sombra, por el hueco que dejan y que son: su falta de bienes mínimos, su falta de formación humana, su falta de criterio, los configura más como sujetos de carencias que como sujetos de atributos. Probablemente el autor insiste en presentar a los personajes como sombras en *Ligazón*, porque hasta pueden parecer integrados en una sociedad, como estamento bajísimo, pero dentro, mientras que los personajes de *Sacrilegio*, los bandoleros ya están al margen de la sociedad, viven huidos como sombras perseguidas; es decir, no hace falta presentarlos como sombras porque lo son.

El término *sombra*, referido a personajes, se encuentra reiteradamente para denotar a los Auxiliares: la Vieja Raposa, la Madre y el Afilador:

> La Vieja: *una sombra, báculo y manto*
> *la sombra raposa*
> las dos: *la dueña y la tía maulona, dos sombras*
> *calamocanas*
> el Afilador: *la sombra de un mozo afilador*

y hasta un perro se presenta así: *la sombra ahuyentada de un perro blanco.* (Piénsese que el mozo afilador vuelve después de haber sido mordido por un

perro blanco, y la mozuela lo descubre por las se-
ñales que trae en el hombro y aprovecha para hacerse pasar por bruja: la funcionalidad del perro como
auxiliar puede tenerse en cuenta, y sobre todo añadiendo que al final, cuando está a punto de come-
terse el crimen, el autor en las acotaciones vuelve
a aludir a él: *agorina un blanco mastín sobre el
campillo de céspedes).*

El pretendiente rico se presenta invariablemente
como «el bulto»:

> *un bulto de manta y retaco*
> *un bulto jaque*
> *el bulto*

y así continuamente en el lenguaje de las acotaciones, porque en el texto se presenta bajo perspectivas diversas, según los personajes: la Mozuela lo
trata despectivamente con el demostrativo de segunda persona, *ese hombre, ese punto, ese cortejo;* la
Raposa lo llama *un hombre, un hombre de prendas;*
la Madre destaca su generosidad probable: *un hombre que no mira la plata.*

La Mozuela y el Afilador, como personaje conjunto, es decir, como un solo actante, aparecen en
oposición a su oponente funcional, con denominaciones parecidas:

> *borraban su bulto, los bultos del Afilador y la
> Mozuela*

y lo mismo el Afilador solo: *el bulto del mozo afilador.*

Los juegos de luces, de vanos, de sombra, de perfiles y líneas son frecuentes en referencia a la Mozuela:

> *la Mozuela... sobre el vano luminoso de la
>   puerta
> la Mozuela ha desaparecido del vano luminoso
> sobre la puerta iluminada se perfila la sombra
>   de una mozuela
> abolida la figura de la Mozuela en la nocturna
>   tiniebla*

En *Sacrilegio* las siluetas se mueven también como sombras, o bultos:

> *vigila una sombra
> el bulto de un hombre
> recalca su bulto*

La acción se desarrolla, como en *Ligazón*, en la noche: la luz de la luna, el reflejo del agua en el dornajo o en una charca, sombras, ruidos y ecos dan a los personajes de los autos un perfil funambulesco de figuras estándar (no individuos) que se mueven en la cuerda floja de los instintos.

Los personajes de *Ligazón* se mueven por la lujuria (Bulto, Moza, Afilador) en mayor o menor grado, espontáneamente o como reacción; o por la avaricia (Raposa, Ventorrillera), en ningún caso por ambos vicios. Resulta la más esquemática de las cuatro obras, ya que las oposiciones se establecen siempre en forma binaria y las conductas no implican transformaciones de ningún tipo a lo largo de la obra. Una vez conocidos los personajes y los ejes semánticos que se anuncian en el título, el lector puede deducir, sin que en el texto haya margen para otras posibilidades, la sintaxis de la obra: la Mozuela necesariamente polarizará las relaciones de lujuria, porque es la única joven (Moza-Bulto/Moza-Afilador); las Viejas necesariamente centrarán los movimientos de avaricia; el Afilador se presenta en principio como neutro, ya que el nombre del oficio no

predetermina que haya que situarlo en uno u otro
círculo, pero como también se presenta como *mozo*,
pasa al ámbito de la lujuria. El Bulto es más pro-
blemático como personaje, porque no conocemos ni
la edad, ni la profesión: al ser rico sienta las bases
para la funcionalidad de las viejas como «auxiliares»,
que lo apoyan en sus pretensiones a la vez que re-
chazan al afilador; la edad no se aclara en ningún
momento, pero con cierta verosimilitud podemos suponer que será viejo, porque si fuera joven no necesitaría acudir a embajadas o sobornos. De todos
modos, en la sintaxis teatral no es muy significativo
este rasgo, porque joven y apuesto es Calixto y acude a la mediación de Celestina, si bien la situación
familiar y social de una y otra obra son radicalmente
diversas. Para Calixto era difícil, o al menos así se
presenta en la obra, el acceso a Melibea, para el
Bulto no parece que haya impedimentos sociales,
morales o familiares para acercarse a la mozuela,
por eso pensamos que pueden ser personales: la
edad.

La sintaxis de *Ligazón* ofrece, pues, una serie de
personajes de tipo estándar que realizan conductas
estándar: es normal que el conflicto de una obra
dramática se plantee a propósito de las pretensiones
de un viejo sobre una joven, es normal que el viejo
desconfíe de sus dotes de don Juan y que acuda a
una *viguisuela;* es normal que la Mozuela lo rechace
y pretenda el amor de un joven, o, en todo caso,
como ella misma aclara, si ha de perderse que sea
brillantemente *(una gargantilla de aljofares, para
quien tanto tiene, nada representa. De perderme que
sea en carroza y para salir de cuidados. Con una
gargantilla aún no ciego y antes me doy a un gusto
mío);* es normal también que el Afilador, tentado por
la moza, se decida rápidamente y no ande en consi-
deraciones; y es normal, por fin, que la Vieja Rapo-

sa actúe como celestina por las varias razones que ya explicó muy bien su prototipo, la Celestina. Lo que ya no resulta tan estándar es la conducta de la Madre: el que actúe como auxiliar de la Raposa y del Bulto quizá sea un rasgo que hay que remitir no al modelo «auto», sino al modelo «esperpento».

Tanto el Bulto como las dos viejas responden a conductas de tipo negativo en el cuadro de cualquier moral y aún en el cuadro de esquemas teatrales o literarios en general y resultan personajes antipáticos. La Mozuela comete el crimen como reacción a la actitud de su madre que quiere imponerle su voluntad. Su reacción resulta lógica dentro de la sintaxis de la obra, y también resulta lógico dentro de ese esquema que el Bulto sea la víctima final, porque a pesar de que no lo hemos visto ni oído en toda la representación, de él parte el movimiento dramático.

En esta obrita no hay más personajes que los puramente funcionales, porque el trío Bulto-Vieja-Madre que constituye un solo actante y podía por tanto presentarse como un solo personaje, representa modalidades de acción por las diferentes relaciones que pueden establecer respecto a la Mozuela. El conflicto se presenta entre cinco personajes que por su funcionalidad podrían reducirse a dos: el Bulto y la Moza, entre los que se establece la única oposición de la obra, pero el esquema mínimo se matiza mediante desdoblamientos que dan mayor verosimilitud a la acción y al conflicto.

El Bulto, causa inicial, toma como mediadora a la Raposa, que a su vez delega en la madre. Los tres solicitan a la Moza, unos con sobornos, con ruegos y otra con autoridad que intenta explotar (*irás por donde tu madre te ordene*). El Bulto y las dos viejas actúan como sujetos de la acción (Seducción) que toma como objeto a la Moza. Cambia luego la dirección y la Moza, tomando también un auxiliar, el Afilador, actúa como sujeto de la acción (Crimen) de la que es objeto el Bulto.

No hay derivaciones, ni comparsas, ni anécdota secundarias: todo es funcional, incluso los parlamentos o las acciones que parecen circunstanciales: el afilar las tijeras, el alarde de brujería de las viejas... todo prepara el desenlace.

Estudiamos en otro artículo las funciones de esta obra. Las exponemos ahora simplificándolas en razón de sus motivaciones para comprobar cómo el paso de una a otra está justificado por la lujuria o por la avaricia que mueve a los sujetos:

	a)	el viejo desea a la Mozuela (lujuria)
I	b)	el viejo delega en la celestina (avaricia)
	c)	la vieja fracasa (se cierra la secuencia)

Una vez agotada esta vía terminaría el relato, por lo que únicamente cabe la alternativa de una reiteración con modalidad diferente. Se sigue esta posibilidad y se abre una segunda secuencia en la que el móvil, único en este caso, será la avaricia:

	a)	la celestina busca un auxiliar (avaricia)
II	b)	la madre quiere imponerse a la mozuela (avaricia)
	c)	la madre fracasa (se cierra la secuencia)

La oposición a la madre se manifiesta en la negativa de la moza y en la reiteración de la amenaza que ya había formulado a la Raposa si insisten en imponerle por la fuerza al pretendiente: dormirá con las tijeras debajo de la almohada y el cortejo *se encontrará con lo que debe encontrarse.*

Para comprender la funcionalidad de los distintos personajes es interesante subrayar que el relato se agotaría al final de la primera secuencia si, con la negativa de la moza, la vieja da por terminada su misión. Como fracasa, puede aceptar el fracaso o buscar un auxiliar, con lo que se inicia otra secuencia, que también cerraría el relato, si la Madre, con la negativa de la hija, hubiese dado por terminada su misión. A pesar de las dos negativas, en las que la postura de la moza ha quedado bien definida, el Bulto insiste por tercera vez en su propósito y ayudado por la madre entra en la casa, y el desenlace de muerte se hace inevitable.

Podía haberse dado otro desenlace: escarnio del viejo, por ejemplo, pero el tono de la obra descarta ese desenlace de comedia. Tenía que haber aparecido a lo largo de la representación el Bulto como personaje ridículo para que resultase eficaz el escarnio final. *Ligazón*, aunque esperpentizada, es una obra en serio, y el desenlace tiene que responder al modelo.

En *Sacrilegio* parece que el tono de broma se aproxima al de la comedia y cabe esperar un desenlace en que el vejete quede en ridículo: bastaba descubrir la superchería del padre Veritas, pero el Sordo había tomado el Sacramento en serio y casi llega a conmover a los que escuchan la historia terrible de su vida, por lo que se impone su muerte como desenlace.

La tercera secuencia de *Ligazón* tiene como móvil único la lujuria, pasión que lleva inevitablemente a la muerte:

III
a) la mozuela busca un auxiliar (lujuria)
b) la mozuela hace ligazón con el afilador (lujuria)
c) los dos matan al Bulto (se cierra definitivamente el relato)

Creo que la funcionalidad de todos los elementos se pone de manifiesto en el análisis de la sintaxis de *Ligazón*. Las acciones, con su motivo inmediato, van discurriendo en el tiempo escénico: no se narra nada, todo se vive, a lo más hay alguna presuposición de entrada que queda implicada en alguna alusión en el desarrollo del texto. La técnica teatral es perfecta desde este punto de vista y el texto es autosuficiente como base de una semiosis de representación. Las entradas y salidas de los personajes se justifican en torno a dos temas: asedio de la moza / muerte del Bulto.

Por el contrario, *Sacrilegio* utiliza más el relato que la acción y el tiempo escénico es más reducido que el tiempo del relato. El drama se sitúa fuera de la representación y solamente el desenlace aparece en escena. Lo escénico es bien simple: un grupo de bandoleros condenan a muerte a uno de ellos que ha traicionado a los demás y lo matan. Esta secuencia de funciones que obedecen a una lógica causal (traición→juicio→condena) se interfiere por un relato, y el desenlace de muerte no resulta de la aplicación de la sentencia, sino de la reacción ante el relato.

Las acciones desbordan el tiempo de la escena de modo que cuando se inicia la representación es necesario presuponer alguna acción anterior para comprender la situación inicial y en el transcurso de la representación se cuentan muchas más acciones. El esquema de las acciones vividas o contadas (éstas entre paréntesis, como las que se presuponen y no se cuentan) es el siguiente:

(El Sordo traiciona al grupo) ⟶ (los bandoleros lo condenan a muerte)

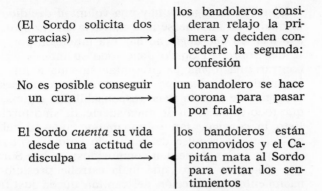

(El Sordo solicita dos gracias) ⟶ los bandoleros consideran relajo la primera y deciden concederle la segunda: confesión

No es posible conseguir un cura ⟶ un bandolero se hace corona para pasar por fraile

El Sordo *cuenta* su vida desde una actitud de disculpa ⟶ los bandoleros están conmovidos y el Capitán mata al Sordo para evitar los sentimientos

No coinciden, como puede comprobarse, las acciones y las palabras en la escena. Lo escénico alterna con la narración panorámica que intercala un tiempo anterior de la vida del sujeto que habla. Los demás personajes tienen sólo el tiempo de la escena.

La anécdota es muy diferente de la que presenta *Ligazón,* la técnica lo es también. La comparación de los dos autos subraya diferencias en todos los niveles: la anécdota, la técnica teatral, los personajes, incluso en la actitud ante lo escatológico: mientras en *Sacrilegio* se procura la mejora para el otro mundo, en el que tanto el Sordo como los demás bandoleros parecen creer, en *Ligazón* no hay ninguna alusión a la otra vida, toda mejora se procura para esta vida.

Sin embargo, el esquema básico sí coincide. El modelo general «acción/reacción» se inviste de contenidos concretos en el esquema común a los dos autos:

intento de imposición por la fuerza (acción) → crimen (reacción)

proceso de imposición por el discurso (acción) → crimen (reacción)

Mientras en *Ligazón* hay una voluntad decidida de la madre de imponerse a la mozuela en razón de la avaricia, en *Sacrilegio* no hay esa intención por parte del Sordo. El Sordo pone todo su interés en encontrar una forma de presentar su vida a una luz favorable que disculpe sus horrendos crímenes y convenza de que no tiene responsabilidad alguna, ya que todo es cuestión de mala suerte, de sino torcido. Esto lo consigue tan sobradamente, que su relato no suscita la repulsa del auditorio ante el criminal, sino que todos se sienten conmovidos: ¡pobre Sordo, qué sino más negro, qué mala estrella presidió su nacimiento! La reacción del capitán queda justificadísima.

En los dos autos el castigo para el que intenta imponerse a otros es la muerte: la Mozuela mata al Bulto, porque después de rechazarlo una y otra vez, quiere imponerle su voluntad. El Capitán de los bandoleros mata al Sordo porque se da cuenta de que si lo dejan hablar terminará por conmover a los atónitos oyentes, y frente a las palabras que niegan la traición y disculpan los crímenes está la traición y los crímenes como hechos.

Del Bulto no sabemos apenas nada: que pretende a la Mozuela, que es rico (¿quizá judío?), que tiene buen gusto (¿o es una galantería del afilador?) y que es tenaz. Del Sordo sabemos mucho más: su historia punto a punto, su físico y sus habilidades: es un viejo rufo y garitero; sus aficiones: le gusta el tabaco ceutí y el buen vino; es irónico, chistoso e ingenioso, no sabemos si realmente ha traicionado a los compañeros o no, porque esto no se aclara en la obra, pero a tenor de la forma como se disculpa de sus fechorías presentándolas como algo ajeno a su responsabilidad, no es mucho suponer que también negase la traición.

Hay muchas otras notas comunes entre los dos autos: las instituciones que presentan (Familia, Religión) y en las que se insertan las relaciones y las conductas de los personajes, quedan escarnecidas en las dos obras. Por avaricia acepta la Madre actuar como celestina; por seguir una broma actúa como fraile el padre Veritas.

En *Ligazón* el personaje que inicia el drama sufre las consecuencias y es muerto; el lector apenas lo conoce más que como sujeto de la acción y objeto de la reacción. En *Sacrilegio* hay sincretismo entre el narrador y el sujeto de las acciones: el Sordo narra sus propias hazañas y esto le permite distanciarlas interponiendo una actitud de disculpa. Por el contrario, la presentación del Bulto se realiza desde afuera, si bien este «afuera» no se identifica necesariamente con la existencia de otro narrador que encuadre las acciones en su propia visión moral, es decir, que las presente ya juzgadas en un código diferente del que pudo orientar la acción del sujeto. Es la misma acción la que da indicios sobre el código de valores en *Ligazón:* el Bulto pretende imponerse a otros personajes por medio del dinero y no hay nadie —ni él ni otro narrador— que explique razones de esa pretensión (por ejemplo, podía actuar movido por un amor profundo, inevitable, o por una apuesta...); por tanto, la obra resulta ejemplar en su desenlace: una acción negativa resulta castigada en una reacción inmediata. La relación falta-castigo tan clara en *Ligazón*, no aparece tan inmediata en *Sacrilegio*. El Sordo ha cometido mil tropelías movido por la lujuria y ha matado a varios inocentes. La acción y su reacción correspondiente se presentan en una relación de causalidad muy distanciada por la interpretación favorable de un narrador comprometido: la lujuria lleva a la muerte, y una acción irresponsable de juventud, muy justi-

ficada por una tendencia natural, lleva al Sordo a
vivir el resto de su vida al margen de la ley, perse-
guido, y a una cadena de crímenes ajenos a su voluntad: seduce a una mujer, y el marido «tanto se
arrebató, que me puso en el caso de sangrarlo», mata
a un niño en venganza por algo que hizo el padre,
pero lo mata sin saber bien cómo, porque «un impulso ajeno me tiró la mano a la chaira», luego mata
a la mujer porque le había cogido manía por la
muerte del niño, «sin dejar de quererla... le corté
el cuello», y a una hija de la mujer «tan ciego me
puso que acabé ahogándola». Cuatro crímenes origi-
nados por un impulso irresponsable de juventud,
presentados panorámicamente ante el lector y con
una actitud de disculpa evidente. El distanciamiento
que esta visión proporciona al texto se acentúa con
la ironía que se desprende del contraste entre la
brutalidad de los hechos y la forma de contarlos,
incluso desde el nivel léxico. Por ejemplo, para denotar «muerte» o la acción de «matar» no se usa
el término propio, hay infinidad de formas figuradas
que denotan «matar» y cinco que denotan «muerte»:

> dar mulé / estar con un pie en el finibusterre /
> diñarla / dar pasaporte / suministrar el santo
> óleo / pasaportar / ajustar el corbatín / san-
> grar / enfriar / derramar la sangre del próji-
> mo / tirar la mano a la chaira / cortar el cue-
> llo / ahogar / sellar la boca.
> hora tan negra / hora tan negra de la muer-
> te / pena de muerte / el último paso / muerte.

Para un lector avisado la responsabilidad del Sordo es la misma diciendo *asesiné* o diciendo *le di
mulé*, pero el crimen puede parecer menos horrible,
más familiar para un auditorio familiarizado con
esas perífrasis que quitan importancia a los hechos,
y, desde luego, el criminal aparece más disculpado

si se arropa con exclamaciones como las que prodiga el señor Frascuelo, el Sordo de Triana: *la estrella de mi nacimiento no me ha consentido ser hombre de bien,* o *cuanto mejor quería, peor obraba.*

Los caminos por los que el Sordo está a punto de conmover a sus compañeros son muy sutiles, mucho más que los que usa el Bulto para llegar a la Mozuela, por eso, quizá, la relación culpa-castigo que era tan inmediata en *Ligazón,* resulta muy compleja en *Sacrilegio:* aquel auditorio de bandoleros, tan cualificado para interpretar la relación del Sordo, está a punto de conmoverse y el Capitán, quizá movido por alguna de aquellas fuerzas que impidieron al Sordo ser hombre de bien, dispara y mata al narrador.

La relación causa-efecto queda clara, si bien no es inmediata: el Sordo de Triana que mata con tanta consideración a sus víctimas, muere a manos de su capitán, que está muy conmovido.

La comparación de los dos textos nos lleva a concluir que los autos presentan argumentos «éticos» desarrollados con variantes de personajes, de presentación de la acción, de narrador, etc., pero con unas constantes básicas y de visión, que llevan a un desenlace paralelo.

MELODRAMAS

Los personajes de los *Melodramas* actúan como marionetas movidos por una fuerza superior a su voluntad. Simeón Julepe ha maltratado, al menos de palabra, a su mujer moribunda, ha buscado el burujo de los cuartos en el camastro sin consideración alguna al cuerpo moribundo o recién muerto, y sólo valora en su mujer el mérito de haber reunido siete mil reales. No le preocupa el modo cómo los ha ganado por los caminos: para él como para las

vecinas no se plantea problema alguno al respecto.
Sólo la Pingona insiste maliciosamente, como ya ha
advertido Bermejo Marcos [1] en las amistades de Floriana *(muy buenas amistades... sabiendo buscarse
las amistades).*

Julepe considera una hazaña el haber reunido tantos cuartos y se propone honrar a tal heroína después de que tiene asegurada en su poder la bolsa de
los siete mil. Sale a disponer el entierro y cuando
vuelve, con mucho alcohol a bordo, se entusiasma
ante el cadáver amortajado con un traje muy luci-
do, con una rosa en la mano y unas medias listadas,
detalles que parecen tener un gran poder de sugestión erótica para Julepe al recordarle a las bailarinas
de la Perla *(una cupletista de mérito, con esa rosa
y las medias listadas, con esa rosa y esas medias
listadas, no es menos que una estrella de la Perla).*

Julepe reacciona, por lo que se ve, ante unos estímulos concretos: rosa, medias listadas, carne blanca. Ni la mujer, ni el sentimiento de amor o pena
mueven a Julepe, él responde a unos indicios que
componen el complejo erótico válido en los cabarets
de la época.

El entusiasmo va a más y Julepe, sin pensarlo mucho, solicita amor al cadáver ante el escándalo de
las mujerucas que intentan apartarlo. Se arma un
lío y las velas prenden fuego a la rosa, al cadáver,
a todo.

Hay dos cambios en el personaje central: Julepe
pasa de decir.los mayores despropósitos a su mujer
(se burla de su gravedad, dice que es una fanática,
que no tendrá la suerte de verla morir...) a calificar-
la de heroína: la causa del cambio está en el burujo
de los cuartos. Un segundo cambio está motivado

---

1 Vid. BERMEJO MARCOS, *Valle-Inclán: Introducción a su
obra*, Ed. Anaya, Salamanca, 1971.

por algo también exterior: la rosa y las medias. La misma función que desempeña el burujo en el cambio de Julepe, a través de su avaricia, la desempeñan la rosa y las medias, para ver a Floriana como una cupletista, a través de su lujuria.

Los cambios no son interiores, no se explican por una reflexión del personaje sobre su situación, sobre los hechos que están pasando, sino que tienen una causa fuera de la voluntad del sujeto que, como el toro, responde a la cita de la capa: Julepe ante el burujo, Julepe ante la rosa y las medias.

Cuando todo está en orden: los niños vestidos, el cadáver amortajado, los plantos hechos, el marido con la herencia y en su sitio, una enseña atrae a Julepe y lo echa todo a rodar. La avaricia había desplazado al personaje cínico y burlón de la primera escena, la lujuria desplaza a la avaricia y lleva a la muerte. La pingona que ya había sugerido una explicación para los dineros de Floriana, tiene en el segundo cambio un papel de intérprete previo: mientras se admira de la riqueza de la mortaja de Floriana, exclama: «talmente una novia».

Paralelamente en *La cabeza del bautista*, la Pepona, amante de don Igi, el gachupín, no tiene la menor compasión para el Jándalo, hijastro de su marido que se propone sacarle los cuartos. El dinero es el móvil primero, siempre válido. La Pepona propone una solución definitiva para cortar el chantaje: matar al Jándalo; ella planea el modo; ella misma cava la fosa y se dispone a seducirlo y entretenerlo mientras don Igi lo apuñala. Cuando todo está dispuesto según sus previsiones, una fuerza superior, la lujuria, suscitada por un móvil erótico determinado (beso del cadáver), desplaza todo interés de otro tipo y la Pepona busca su propia ruina.

Simeón es un personaje sin matices, de una sola pieza: todo se le olvida ante el señuelo de los siete

mil reales del burujo, ni respeto a su mujer moribunda, ni consideración a los hijos o a las vecinas,
nada le impide hacer un escándalo cuando piensa
que ha perdido el dinero. Luego, ante el señuelo de
las medias y la rosa, se olvida de todo lo que no sea
su propia lujuria. Es una marioneta que se mueve
en la dirección que en cada momento le señala su
instinto dominante.

La Pepona vive con don Igi por su interés y se
ofrece como cómplice de un asesinato sin sentir el
menor reparo por la muerte de un joven: pasa por
todo para seguir su avaricia, su interés. Inesperada-
mente otro móvil, el beso del Jándalo moribundo, la
orienta en un sentido opuesto, y ante la desespera-
ción del fantoche de don Igi pide que la entierren
con él.

Personajes sin profundidad psicológica, marionetas en manos de los instintos, carecen de todo principio aceptable o conveniente, son seres existenciales
cuyo carácter y personalidad va haciéndose a medida que viven en el tiempo. No son avariciosos, no
son lujuriosos, se mueven en un momento por la
avaricia o por la lujuria, que es diferente.

Tanto las siluetas de los autos como las marionetas de los melodramas tienen figura humana, son una
parte de la humanidad: intentan las siluetas disponer de su propia voluntad; se dejan las marionetas
arrastrar por fuerzas más intensas que su voluntad.
No piensan: reaccionan; no matizan ni dudan, ac-
cionan en la dirección que indiquen los estímulos
exteriores.

La Rosa de papel está construida en función de
las entradas y salidas de Simeón Julepe en el escenario único en que se sitúa la obra, la fragua donde
trabaja y vive la familia. La primera salida es necesaria funcionalmente para dar tiempo a la moribunda para que esconda el burujo de los reales: a

la vuelta el escándalo se organiza por la desaparición de los cuartos y con la suposición de que las vecinas los han robado. La segunda salida es necesaria para que las vecinas amortajen el cadáver y le pongan la rosa de papel y las medias que han de suscitar la lujuria de Julepe. Todo lo demás son escenas de preparación o consecuencia: una primera escena para que la moribunda anuncie el dinero. Los niños actuarán de coordinadores entre la madre y el padre para dar cuenta del lugar donde está escondido el burujo. Los comentarios de las vecinas, de Pepe el tendero, de la Pingona, tienen como finalidad llenar el tiempo en que Julepe está fuera y crear un ambiente.

La estructuración de *La cabeza del bautista* es paralela: todo está en función de las entradas y salidas del Jándalo. Llega y plantea el drama; sale por primera vez por una razón circunstancial, ir de ronda con los mozos del pueblo que acaba de conocer, pero la salida tiene una clara funcionalidad: dar lugar a que don Igi entere a la Pepona de quién es el visitante, qué quiere y qué pueden hacer para librarse de él. La segunda salida es simplemente moratoria: cuando vuelve todo esté dispuesto para matarlo y enterrarlo. El desenlace, sin embargo, como en *La rosa de papel*, será inesperado: el amor después de la muerte.

El paralelismo entre los dos melodramas es, pues, evidente, desde el motivo: necrofilia, hasta el clima ético y vital que reflejan. Hay además detalles comunes, que no son de composición sino de superficie, por ejemplo el miedo a la curia.

Quizá el sistema semiótico más cuidado en los melodramas es el de los personajes. Cuando más arriba decía que son personajes de una sola pieza no tenía intención de decir, ni mucho menos, que son simples. Las motivaciones de sus actos son claras y los

mueven en una dirección única (buscar el burujo
y matar, si es necesario, a las supuestas ladras/ma-
tar al Jándalo, que pretende robar a don Igi; solicitar amor al cadáver adornado / solicitar amor al
Jándalo muerto). Ni Julepe ni la Pepona dudan nunca, lo que quieren lo quieren por encima de todo
en cada momento. Sin embargo, son personajes presentados en forma muy compleja: ambos son de-
notados a lo largo de la obra por su nombre (Simeón
Julepe/Pepita o Pepona) y van haciendo y diciendo
a la vez que el autor en las acotaciones va califi-
cándolos y los demás personajes en el texto van
comentando sobre su carácter, sus acciones, su físico, de modo que el lector o espectador recibe una
«etiqueta semántica» del personaje muy completa
y muy matizada.

El personaje *Simeón Julepe:* es presentado por el
autor en las acotaciones por

1. sus rasgos físicos: pálido, tiznado, tos de al-
cohólico, vacilante
2. su profesión: herrero, orfeonista y barbero de
difuntos
3. sus vicios, que pueden reducirse a uno expresa-
do reiteradamente y bajo formas diversas: es borracho (orador en la *taberna,* el más fanático *sectario
del aguardiente* de anís, paso claudicante de *borracho,* voz de *borracho, tiene la mona* elocuente)
4. otros rasgos que denotativamente pueden referirse a cualquiera de las notas anteriores pero que
incluyen una valoración del autor: Julepe tiene *aire
extraño, melancolía de enterrador o de verdugo, aire
melodramático, gozo y rabia de peliculero melodramático, aire fatalista y menestral, pelambre de anarquista.* Como cada uno de los adjetivos se incluye
en una frase de tipo comparativo queda establecida
una analogía propuesta por el autor.

El rasgo más acusado y más repetido es el de ser «borracho», de donde deriva su asiduidad a la taberna, sus dotes de orador probablemente (la mona lo hace elocuente), y en la taberna encuentra la universidad en la que aprende esos tópicos de anarquista y socialista que inspiran sus discursos ante su mujer muerta.

Floriana, la mujer, nos dice poco acerca de Simeón, ya que se muere apenas comenzada la obra, pero en la primera escena dedica a su marido una serie de adjetivos que parece que se han de entender por el tono, no por su valor semántico: *renegado, criminal, mala casta*, parece que no han de tomarse con todas sus notas intensivas sino como un insulto; *mal cristiano* es expresión que conviene de modo especial a Julepe, según veremos, y, desde luego, *borrachón* es el adjetivo más propio que usa Floriana en referencia a su marido.

Las vecinas insisten en el término *borrachón* hasta nueve veces, y parece haber unanimidad: la Disa, la Musa, la Comadre, todas llaman borracho a Simeón. Además, y según el momento, lo llaman: *ladrón, quimerista, este veneno, relajado, Lutero, sanguinario, verdugo, escandaloso, estragado*. Como en las denominaciones de Floriana, en las de las vecinas hay algunas que no deben tomarse en su sentido pleno y conviene entenderlas como insultos circunstanciales: Julepe las llama *ladras* y ellas contestan que el ladrón es él; Julepe quiere picarles la garganta, no se conforma con menos si el burujo no aparece, y ellas lo llaman verdugo, sanguinario... La significación, pues, no puede tomarse en su integridad, aunque sí en un conjunto: Julepe no es precisamente muy apreciado por el vecindario, no merece un solo adjetivo favorable.

Todas las fuentes de información, las acotaciones (el autor), o el texto (la mujer, las vecinas), van per-

filando la personalidad de Julepe, que está de acuerdo con su actuación a lo largo de las escenas: su
afición a la oratoria y su ideología anarquista justifican su planto en los términos pintorescos en que
lo desarrolla: «tu espíritu, libre de este mundo donde tanto sufre el proletario... inerte en la caja des-
oyes las rutinas de este mundo político... Solamente
existe la nada... es el credo moderno...». La afición
al aguardiente explica sus actuaciones fuera de toda
norma, su furor ante las vecinas, su desvarío ante
el cadáver amortajado. Su profesión de barbero de
difuntos explica la familiaridad con que toma la
muerte.

Es muy curiosa la actitud religiosa de Julepe: se
declara ateo (su mujer lo llama *mal cristiano* y él
afirma que *ni bueno ni malo)*, pero respeta todos
los fanatismos y sale, por encargo de la moribunda,
a buscar los Divinos y hasta promete —le sobra educación— quitarse la gorra cuando llegue el Rey del
Cielo. El credo moderno le asegura a Simeón que
sólo existe la nada, y, en resumen, él no cree pero
respeta las creencias de los otros. Sin embargo, su
lenguaje acusa fuertemente la influencia de la religión y continuamente usa términos religiosos para
ponderar al máximo cualquier cosa:

> *ángel celeste* es el niño que descubre el lugar
> del burujo
> *ángel ejemplar* es Floriana que reunió el dinero
> *Floriana, que tan angélica te contemplo* (dos
> veces)
> *visión celeste* (tres veces)
> *ángel embalsamado*

Hay además en el lenguaje de Julepe continuas
alusiones a la iglesia, al papa, a modos y ritos religiosos: recomienda a las vecinas que se pongan

«A rezar el Señor Mío» porque van «a morir por encima de la corona del Papa».

La difunta, que tan corta actuación personal tiene en la obra, es uno de los personajes más matizados porque es objeto de las acciones de todos los demás, es el centro de acciones y palabras.

Las acotaciones se refieren a ella con términos generalmente denotativos, según su situación o estado: *una mujer deshecha, la encamada, la adolecida, el cuerpo de la difunta, el cuerpo, la difunta* (ocho veces es el término propio), *el cadáver* (tres veces), *el rígido bulto, la muerta*. Sólo una vez aparece la expresión *el desmadejado fantasma* que implica unas connotaciones valorativas, frente a todos los demás términos y expresiones que informan simplemente sobre la situación de Floriana, a punto de morirse o muerta ya. Sorprende el número de términos para señalar denotativamente a la difunta.

Julepe se dirige a su mujer, viva o muerta, según el momento. No es un tipo de marido, amable, desconsiderado, cruel, amante, etc., ya que esto exigiría un carácter, un rasgo persistente: está amable o desconsiderado, o cruel, etc., como reacción a los estímulos inmediatos. Antes de saber nada del burujo se porta desconsideradamente con su mujer moribunda, cuando se entera de la existencia del dinero pasa a estar amable; mientras Floriana tiene la apariencia de una moribunda o ya cadáver sigue con sus mismos hábitos, Julepe ni se entera, pero cuando la visten y la adornan y pasa a parecerse a una cupletista, Julepe se inflama de amor. Su entusiasmo se traduce inmediatamente en los términos con que se dirige a su mujer, primero la llama por el nombre, Floriana o Florianita, mientras toma poco en serio las quejas de la moribunda. Al aparecer el dinero la califica de *heroína*, y su sorpresa ante la cantidad, que debió parecerle enorme, se traduce en matices:

una heroína de las primeras, una heroína propiamente, una heroína de las aventajadas; de *modelo,* también matizando reiteradamente: *esa mártir modelo, esposa y madre modelo, modelo de esposa con patente;* de *ejemplar:* *ángel ejemplar, esposa ejemplar.* En la última fase la heroicidad y la ejemplaridad resultan poco para el entusiasmo de Julepe y no se contenta sino con expresiones de cualidades extraterrenas: *astro resplandeciente, angélica, visión celeste* (hasta tres veces lo repite), *ángel embalsamado, cuerpo de ilusión.*

No cabe duda de que Julepe dispone de un vocabulario amplio y adecuado a sus estados de ánimo.

Las vecinas componen un cuadro de plañideras que van haciendo la glosa de la conducta de los protagonistas. Apenas sabemos nada de ellas, son como resonancia de la acción. El autor las llama las *vecinas cotillonas, las cotillonas* (tres veces), las *dos cotillonas,* las *comadres gobernadoras, figuras grises.*

Julepe las insulta, las amenaza: *estas maulas, ladras, maulas, so maulas, estas malas mujeres.* Una vez con el burujo en su poder y calmado, se marcha sin decir nada, y a la vuelta y en vista de la obra de arte que han hecho con su mujer, las llama *estas caritativas mujeres* hasta que de nuevo se enfada porque se oponen a sus pretensiones y las llama *beatas* y *alcahuetas.*

El autor las presenta por su funcionalidad en la obra, y no da rasgos individuantes de ningún tipo; Julepe las presenta según el humor en que se encuentre, por tanto sus expresiones no tienen nunca valor descriptivo, sino valorativo y subjetivo, de tal modo que más que definir a las vecinas, definen al propio Julepe y remiten a su actitud.

El mismo recurso observamos en la denominación de las acciones fundamentales del melodrama: morir o matar se dice *morir, sacar de este mundo, des-*

*pacharse, acabar, tránsito, entregar el alma, pasar
de un balazo, coser a puñaladas, degollar, picar la garganta, desmeollar, pasar el pecho, quitar la vida,
finar.*

La presentación de personajes y de acciones se
realiza siguiendo los mismos recursos en *La cabeza
del bautista*. El paralelismo del tema (necrofilia) se
mantiene en la forma que actúan los personajes y
en el modo de presentarlos, es decir, como caracteres planos que se mueven por una fuerza superior
a su voluntad, y como personas que se califican en
las acotaciones y en el texto de acuerdo con un sentido estético (esperpento) y un valor funcional o subjetivo.

VI. SISTEMA LINGÜÍSTICO Y SISTEMA LITERARIO EN *LIGAZÓN*

La Semiología literaria o crítica semiológica estudia la literatura a partir de la obra individual, pero no en su especificidad, sino como variante de la categoría «literatura». Parte del supuesto general de que la obra literaria es un signo autónomo en el que se reconocen dos sistemas sémicos: el lingüístico y el literario. Es evidente que la obra literaria se manifiest aa través de signos lingüísticos, pero es evidente también que su significado no se agota en el significado lingüístico.

El valor semántico de los signos lingüísticos remite referencialmente a una anécdota, más o menos real o verosímil; el valor material de los signos se concreta en unidades fónicas, morfológicas y sintácticas, cuyo análisis no explica, al menos en su integridad, el valor literario de la obra. El análisis literario pretende un conocimiento sobre ella y parte unas veces de las mismas unidades que el análisis lingüístico (fonemas, lexemas, construcciones sintácticas), mientras que otras veces busca unidades propias. La identificación, delimitación y relación entre las unidades literarias es el objeto propio del análisis literario y la base para alcanzar una interpretación y una lectura coherente de la obra.

Vamos a analizar una pequeña pieza dramática de Valle-Inclán, *Ligazón*, la primera de las que constituyen el *Retablo de la avaricia, la lujuria y la muerte* [1], y vamos a verificar aquel presupuesto de que la obra es un signo autónomo (unidad de la creación literaria), en el que se distinguen dos sistemas sémicos (lingüístico y literario) que se manifiestan paralelamente, con unos significados idénticos y hasta con formas equivalentes. Los formalistas rusos habían advertido la posibilidad de descubrir un mismo contenido bajo formas diversas de sistemas o niveles diferentes. La crítica aprovecha hoy este principio para acceder al significado de la obra desde todas las formas que sea posible analizar.

Vamos a estudiar preferentemente la estructuración sintáctica de funciones y de personajes, advirtiendo, siempre que haya lugar, el paralelismo con los procedimientos de la sintaxis lingüística.

La articulación sintáctica de las funciones resulta, como veremos, paralela a la articulación de personajes y la interpretación que cabe deducir del análisis de ambos elementos es también paralela. Valle-Inclán encarna en los personajes unas ideas por medio de unas conductas organizadas en esquemas funcionales que vienen a coincidir con esquemas lingüísticos.

Un verbo, por ejemplo, «pedir», implica unas relaciones sintácticas (Sujeto, Objeto, Objeto Indirecto) que se traducen mediante unidades léxicas en una unidad semántica más amplia: «Alguien pide algo a alguien».

En la expresión literaria, la función «Petición» implica una articulación de personajes que sigue el

---

1 Las citas del texto literario las haremos con una cifra entre paréntesis, que remite a la página de R. DEL VALLE-INCLÁN, *Retablo de la avaricia, la lujuria y la muerte*, Ed. Espasa-Calpe, Madrid, 1968 (2.ª ed.).

modelo lingüístico: «La vieja pide algo a la mozuela». Las variantes a nivel textual pueden ser muchas, no sólo por el nombre, la clase, el carácter, etc., de los personajes que encarnan las distintas funciones, sino también porque el mismo modelo puede variarse: puede haber desdoblamiento de un personaje (la vieja = la madre), puede actuar por delegación (la vieja = el pretendiente); puede haber sincretismo haciendo coincidir el Objeto y el Objeto indirecto (se pide a la mozuela que ella misma se entregue); pueden introducirse Auxiliares (la mozuela pide la ayuda del Afilador), etc.

Vamos a analizar *Ligazón* como una de las variantes de un posible modelo literario ya utilizado en la literatura repetidamente e incluso por el mismo Valle-Inclán en otras de sus obras.

Las funciones literarias: la estructuración sintáctica de una obra literaria consiste en una articulación de funciones y de personajes, de la misma manera que la sintaxis lingüística es el conjunto de relaciones que se establecen entre las unidades morfológicas para constituir una unidad de rango superior, la oración.

El primer paso en un análisis sintáctico literario consiste en determinar las unidades funcionales (sintagmas de la sintaxis lingüística); luego se pasa a estudiar su orden, sus relaciones, sus reiteraciones, la latencia o virtualidad de alguna de ellas si acaso, para llegar por fin a una interpretación de su significado.

En *Ligazón*, a pesar de su brevedad (24 páginas) y de su aparente sencillez, hay una trama muy compleja que se caracteriza, en líneas generales, por una estructuración triple de todas las acciones, tanto las funcionales como las que únicamente constituyen

grados o matices o informes en cada acción. En realidad se trata de una sola función inicial, de *Petición*,
que tiene como resultado invariable una *Negación*,
y que se repite, con cambio de Sujeto, tres veces.
La Petición inicial se transforma en Petición autoritaria primero y en Petición con imposición después;
paralelamente la Negación pasa de ser una simple
negativa, a la rebeldía y a la muerte. Los sujetos de
la Petición van cambiando sucesivamente: una vieja,
la madre, un pretendiente, mientras que el objeto,
que a la vez es sujeto de la Negación, persiste en
las tres.

La obra se divide, por tanto, en tres secuencias,
en cada una de las cuales se formula una petición,
por un sujeto diferente, y se llega a una negativa for-
mulada siempre por el mismo sujeto, lo que da lugar
a un enfrentamiento entre los sucesivos sujetos de
la petición y el sujeto de la negativa, y no se resol-
verá sino al final con la muerte del sujeto de la
petición.

Resulta evidente un paralelismo funcional entre
las tres secuencias que responde a un modelo lingüístico utilizado como base de recurrencias sintácticas por algunas escuelas líricas, y que consiste en
reiterar una estructura formal (sintáctica) con cambio de alguna unidad léxica por otra de la misma
categoría morfológica y en la misma función:

1 | una vieja pide a una mozuela que se entre-
gue a un pretendiente rico
la mozuela se niega

2 | la madre pide a la mozuela que se entregue
a un pretendiente rico
la mozuela se niega

3 | el pretendiente se presenta a la mozuela pi-
diéndole su amor
la mozuela, ayudada por un afilador, lo
mata

Las alteraciones léxicas son signo de una transformación de los hechos o de sus circunstancias que hacen progresar la acción, ya que si se repitiese todo exactamente igual que en la primera formulación no habría relato, sino descripción reiterante.

El análisis de las funciones descubre la misma estructura, de modo que el mismo efecto de intensificación que se ha reconocido en la lírica paralelística puede reconocerse en el relato, si bien con otras unidades. Vamos a comprobarlo:

Primera secuencia: la primera función es de *Petición*; implica una articulación de personajes típica de esta función: un Sujeto —que pide—, la vieja Raposa; un Objeto —lo que se pide—, la Mozuela del ventorrillo; un Objeto Indirecto —a quien se pide—, la misma Mozuela. En toda función de Petición *alguien* pide *algo* a *alguien*: siempre hay dos personas y un objeto, que puede ser personal, y puede presentar, como en este caso, sincretismo con el Objeto Indirecto.

En esta primera función, la Raposa insiste tres veces en su petición, siempre con el mismo resultado negativo, que constituye la segunda función, de *Negación*, en la que también quedan implicados un Sujeto, que niega; un Objeto, lo negado; un Objeto Indirecto, a quien se niega.

En vista de la negativa de la Mozuela, la vieja Raposa busca un Auxiliar que pueda modificar la situación: la Ventera, que tiene autoridad sobre su hija, y puede hacer la petición de otro modo que la Raposa [2]. La Mozuela también se buscará un Auxiliar en un Afilador que pasa circunstancialmente por el ventorrillo. En ambos casos se producirá un Pacto,

---

[2] Así lo entiende la Raposa: *Usted esté terne para zurrar cordobanes, a usted corresponde ese ministerio* (23).

que constituye la tercera función de la secuencia, y que ha sido generada por la función anterior.

El pacto es latente entre la vieja Raposa y la Ventera y es expreso entre la Mozuela y el Afilador, que lo sellan bebiendo de la misma copa. La articulación de personajes es paralela en ambos pactos: las dos viejas son sujeto en relación de reciprocidad, y el objeto es convencer a la Mozuela; la Mozuela y el Afilador son sujeto en la misma relación de reciprocidad, y su pacto es amoroso. Si éste se sella bebiendo los dos jóvenes de la misma copa, el pacto de las viejas, que no se escenifica en el diálogo, debió de sellarse con varias copas porque cuando salen a escena ambas presentan síntomas de indudable borrachera (habla tartajosa, vaivenes y esguinces, además de un diálogo recurrente de cumplidos y amenazas).

Una vez establecido el pacto con la Ventera, la funcionalidad de la Raposa se agota y desaparece como ha venido, a trencos compases —báculo y manto.

Las tres funciones: Petición-Negativa-Pacto, constituyen una secuencia completa, pero no relato completo, ya que el pacto es función que suele abrir un nuevo ciclo narrativo. Efectivamente así es, con la particularidad de que vuelve a repetirse la secuencia con las mismas funciones.

En la *segunda secuencia* se distinguen los mismos puntos: una primera función de Petición, si bien con cambio de Sujeto, que ahora es la Ventera, manteniendo todo lo demás (Objeto y Objeto Indirecto). El sujeto de la segunda petición tiene un rasgo añadido, ya que por ser la madre, pretende ejercer su autoridad y exigir de la Mozuela lo que antes le pedía la Raposa con halagos o sobornos. La madre al principio no pasa de las palabras, si bien utiliza un tono muy diferente del de la vieja celestina; luego pasará al castigo físico. La Mozuela amenaza con rebelarse y lloriquea, pero persiste en su negativa, con lo que se repite la función Negación. La tragedia empieza a perfilarse en sus límites cuando el afilador prepara la tijera y confirma su Pacto con la Mozuela mediante una ligazón.

En la *tercera secuencia* las tres funciones aparecen precipitadamente: el Pretendiente —*un bulto jaque, de manto y retaco* (36)— llega en persona para hacer directamente la Petición. La Mozuela, ayudada por el Afilador, que está en su alcoba, lo mata. Pero nada de esto aparece en el diálogo, se comenta en las acotaciones, que explican lo que puede ver el espectador, a la vez que sirven de informe para la puesta en escena. No se oye diálogo, aunque sí algún ruido. En esta tercera secuencia los signos no son lingüísticos, sino cinésicos o paralingüísticos, a no ser que mediante una voz *in off* se incorpore al texto dramático el texto de las acotaciones, donde se recoge toda una secuencia, que además cierra la obra. Hay muchas razones para considerar las acotaciones en el teatro de Valle-Inclán como pertenecientes al texto, y una más podría ser la que aquí parece clara: la trama se desenlaza no por medio del diálogo teatral, sino en el lenguaje de las acotaciones.

Llega un bulto (se ha venido ocultan sistemáticamente el pretendiente, que actúa indirectamente a través de la vieja y de la madre), se supone que es el pretendiente; hay una lucha (*tumulto de sombras*, 37) y la Mozuela, con ayuda del Afilador, mata al Pretendiente, ya que *descuelgan un pelele de un hombre con las tijeras clavadas en el pecho* (37). La secuencia dramática culmina en este desenlace de muerte, que cierra definitivamente el relato.

El análisis de la sintaxis de *Ligazón* nos descubre, pues, una secuencia de tres funciones (expresas o latentes; en diálogo o en acotaciones), con cambio de sujetos y con intensificación progresiva ternaria, en cada uno de ellas:

Petición → Negación → Pacto   1.ª secuencia
Petición → Negación → Pacto   2.ª secuencia
(Petición) → (Negación) → (Muerte)   3.ª secuencia

El paso de la primera secuencia a la segunda se da previo el pacto Raposa-Ventera, con desplazamiento del sujeto de la Petición; el paso de la segunda a la tercera se da previo el pacto Moza-Afilador, con desdoblamiento del sujeto de la Negativa.

El móvil de las funciones, o mejor de las acciones de los personajes, son la lujuria o la avaricia. Antes de abrirse la obra y, por tanto, fuera de escena, antes de que el enfoque nos presente el diálogo Mozuela-Raposa, se presupone un pacto entre el Pretendiente (del que la Mozuela tiene ya noticia y conoce las intenciones, según se deduce del diálogo) y la vieja Raposa, en el que él actúa movido por la lujuria y ella por la avaricia. También la ventera se mueve por la avaricia, y las acciones se cierran con la lujuria de la Mozuela y el Afilador, que llevan a la muerte al Pretendiente primero.

En la trama hay dos líneas: una progresiva que lleva de la primera, a la segunda y a la tercera Petición, y otra paralela de Pactos que explican la petición inicial, la petición de la Ventera, la ayuda del Afilador. La línea progresiva de funciones implica una matización de las peticiones; la línea paralela de pactos no hace avanzar la acción, pero va exponiendo las causas de las transformaciones y de las reiteradas peticiones.

Hay, pues, una estructuración de funciones por triplicado que van explicando cambios y transformaciones y a la vez las causas.

La vieja Raposa, una vez que la Mozuela se ha negado a sus pretensiones, no tiene nada que hacer. La madre, una vez que la hija se ha negado al contubernio que le propone y pretende imponerle, tampoco tiene nada que hacer (*¡Poco sacará de ponerme negra!*, 33), y la insistencia no puede llevar a otro desenlace que no sea el de muerte, que cierra definitivamente el ciclo del relato, por lo menos desde el planteamiento que le ha dado su autor. Podía haber seguido el drama con el castigo de los asesinos, pero exigiría otro planteamiento y otra estructuración de las funciones.

Todas las funciones se organizan como una serie de círculos concéntricos. Petición-Negación es el más amplio, que se reitera, como ya hemos dichos varias veces, con tres sujetos: petición simple (vieja), petición autoritaria (madre), imposición (bulto). Se incluye una nueva estructuración triple en la primera petición: la vieja insiste tres veces en su intento de convencer a la moza, y recurre a matices diferentes: el halago, el soborno, el consejo, y dentro de estos tres matices, vuelve a encontrarse la triple reiteración:

a) el halago: la vieja intenta atraerse de palabra a la mozuela diciéndole que es *garbosa (para todos derramas tu sal… con la verdad no condeno mi alma*, 13), *sencilla (podías ser más orgullosa*, 14) y *ocurrente (¡qué pico tienes*, 14). A todo responde la mozuela con desdén, desvirtuando indirectamente el modo retorcido de hablar de la vieja, que ella entiende, a pesar de todo. Ambas parecen hablar en clave, y lo que se presupone es más que lo que se dice. Las dos se conocen mutuamente las intenciones, y en razón de ellas interpretan las palabras, que para el lector no descubren todo su contenido intencional;

b) el soborno: la vieja, al quedar derrotada en el halago, acude al soborno mediante una gargantilla;

primero la *anuncia,* luego la *saca,* luego le *busca las luces* para sobrevalorarla. Pide a la moza que se la *ponga,* a lo que se niega; que la *guarde,* a lo que también se niega; que *se la deje poner,* y también se niega y además alude a la «encubierta» que trae la vieja, para acabar de una vez con el juego del lenguaje de intenciones dobles;

c) el consejo: la vieja, después del fracaso del halago y descubierta la intención de soborno, dogmatiza abiertamente con su experiencia, también en tres modos: *conviene* tener cabeza; la hermosura *pasa; no siempre hay* una oportunidad buena.

Todo fracasa frente a la actitud de la Mozuela, y la Raposa se orienta por otro camino: hablará con la madre. La mozuela amenaza *(¡Dormiré con las tijeras ocultas bajo la almohada!,* 16); la amenaza se repetirá en la segunda secuencia y se cumplirá en la tercera, dando desenlace a la historia.

No parece que pueda caber duda sobre una planificación recurrente de las funciones, de las acciones, de los matices, de los personajes. Si a nivel fónico las convenciones métricas imponen a los elementos lingüísticos de la obra literaria un ritmo basado en el número de sílabas, en la distribución del acento, del timbre, etc., y si en el nivel sintáctico pueden repetirse las estructuras de la oración o de la frase nominal como materia de recurrencias, era de esperar que, tomando como materia las unidades sintácticas del relato, es decir, las funciones, pudiese conseguirse el mismo efecto, e imponer un ritmo binario, ternario, o de otro tipo.

Aparte hay que considerar también las relaciones de las funciones y de las secuencias entre sí. Cuando acaba la primera función, Petición, no cabe más que Aceptación o Negación, al darse ésta, las posibilidades narrativas se realizan según se había anunciado: buscando un Auxiliar para intentar la Petición de

nuevo y que el resultado sea otro. El paso se produce por enclave, ya que al terminar el primer modo
de «conquerir» de la vieja, es decir, el halago, se
hace la primera alusión a la madre. El lector ya
sabe que si fracasan otros medios, la vieja acudirá
a la ventera... Por otra parte, la vieja, al no poderse
explicar el rechazo de la mozuela, piensa en un posible pacto con un enamorado: *¡Amor tienes y con
tales desvaríos bien lo descubres!* (17), con lo que
adelanta un anuncio del desenlace.

Las escenas de los Pactos transcurren paralelamente en el tiempo, por ello una se desarrolla en
un diálogo ante el espectador, mientras la otra transcurre dentro de la casa y únicamente acudiendo a un
escenario dividido podrían verosímilmente escenifi-
carse. La conversación de las viejas transcurre en
un tiempo que desborda el de la escena Mozuela-
Afilador, pero como la despedida la realizan en la
puerta del ventorrillo, el espectador puede asistir
a ella.

El Pacto de las dos viejas está previsto en el diálogo Raposa-Mozuela; por el contrario, la figura del
Afilador, y por consiguiente el Pacto con él, aparece
de improviso, por casualidad. No habría inconveniente en que la Mozuela se defendiese sola, pero el
desenlace se hace más verosímil con un Auxiliar. Por
otra parte el climax dramático que se abre con la
primera alusión a las tijeras, ya al final de la primera escena, se intensifica gradualmente ante el espectador al afilarlas ante sus ojos. El drama se fragua
no sólo ante los oídos del espectador, sino también
ante sus ojos.

El valor del diálogo Mozuela-Afilador es descriptivo, no tiene un carácter funcional, ya que ni está
generado por escenas anteriores ni influye en el desarrollo de las que siguen. Va mostrando las cualidades del Afilador desde la óptica de la Mozuela y

para dar verosimilitud al trato amoroso de la ligazón. La Mozuela va admirando al mozo tunante, tuno,
galante, etc., lo que explica su amor casi súbito. Además la figura queda más perfilada por el contraste
con el otro pretendiente, que todo lo fía en el soborno y delega en las viejas la conquista de la Mozuela; frente a tanta torpeza, la niña valora la labia
fácil y la galantería del afilador que no quiere co-
brarle el trabajo, que bebe una copa si ella moja
antes sus labios; por otra parte, la Mozuela estaba
muy propicia a dejarse conmover.

Frente a unas escenas enfocadas reiteradamente,
hay otras que se desarrollan fuera del diálogo y que
se presuponen en un diálogo posterior (latentes) o
que se ponen en conocimiento del espectador mediante las acotaciones que aluden a elementos paralingüísticos o cinésicos. En la lógica sintáctica se
recuperan las siguientes escenas:

a) un pacto del Pretendiente con la Raposa, que
inicia el drama. Sin esta escena no podría explicarse lógicamente que la vieja actuase;

b) el pacto Raposa-Ventera en favor del Pretendiente. La vieja deja la escena después de anunciar
que va a ver a la madre; en la despedida, las dos
viejas hablan de celebrar algo, si resulta bien; más
adelante, la madre enseña la gargantilla con que la
vieja había querido sobornar a la Mozuela y que ésta
había rechazado, e insiste en que debe ponérsela
para que la vea el pretendiente. Todos estos indicios
son suficientes para saber con seguridad de qué ha-
blaron las brujas en su diálogo en el interior del
ventorrillo;

c) el castigo que la ventera da a su hija no se realiza ante el espectador, pero el autor nos da en las
acotaciones cuenta de los gritos, de los lloros, de
los palos;

d) el asesinato del pretendiente está, lo mismo que el anterior castigo, transmitido al espectador en las acotaciones que aluden a las sombras, a los golpes y a algunas acciones (descolgar un pelele de un hombre con las tijeras clavadas en el pecho).

Esta técnica literaria de escamoteo de la escena se corresponde con la técnica lingüística de perífrasis, de presuposiciones, de metonimias y de anáforas, que observamos en el lenguaje de la vieja raposa (podría explicarse como táctica) y en el de los otros personajes.

La disposición externa de la obra incluye siete escenas (entendiendo por tal el diálogo de unos personajes, y entendiendo que cambia la escena cuando cambia uno de los personajes) y catorce acotaciones. En escena no tienen la palabra más de dos personajes y, si hay uno más, no habla; es lo que ocurre en dos escenas: en la despedida de las viejas, a la que asiste la Mozuela en silencio; en una de las escenas en que la ventera sale a llamar a su hija, y en la que el Afilador *se disimula en las sombras* (33) y no dice nada, a pesar de que la ventera lo impreca directamente: *¿Dónde se ha metido el tunante con quien tenías parrafeo? Ya sé que estás oyéndome, ¡negro de los caminos! ¿Qué se te ha perdido en esta puerta? ¿Callas? Si nada se te ha perdido, toma soleta* (33).

Las escenas mantienen la misma estructuración que hemos señalado para las funciones, sin alterar en absoluto el orden lógico en que se generan. Las acotaciones que abren y cierran las distintas escenas anuncian la entrada y salida de personajes, y las acotaciones intercaladas dan indicios cinésicos y paralingüísticos y apuntan algún que otro juicio de valor del autor sobre los personajes. Son las siguientes escenas:

1
- a) Mozuela-Raposa (con una acotación intercalada)
- b) Mozuela-Afilador (con cuatro acotaciones)
- c) Raposa-Ventera (la hija observa, pero no dice nada)

Corresponden a la primera secuencia: Petición-Negación-Pacto.

2
- a) Mozuela-Ventera
- b) Mozuela-Afilador (una acotación intermedia)
- c) Moza-Ventera (una acotación intermedia)

Corresponden a la segunda secuencia paralela: Petición-Negativa-Pacto.

3   a) Moza-Afilador

No hay más escenas, termina el diálogo en este punto con la ligazón que hacen la Mozuela y el Afilador. Las otras dos funciones permanecen latentes y sólo se nos dan indicios en las acotaciones: llega un bulto, hay lucha y hay muerte. Los signos cinésicos y paralingüísticos dejan constancia de este desenlace, sin lugar a dudas: *un bulto pulsa en la puerta. Rechina el cerrojo. Tumulto de sombras. Un grito y el golpe de un cuerpo en tierra. Tenso silencio. Por el hueco del ventano cuatro brazos descuelgan el pelele de un hombre con las tijeras clavadas en el pecho* (37).

En general, los indicios cinésicos y paralingüísticos se nos dan en las acotaciones: todo lo referente a ruidos, risas, llantos, posturas del cuerpo, objetos, etc. lo encontramos en las palabras directas del autor. Los personajes hablan entre sí, pero no sue-

len aludir a detalles, a lo más expresan juicios de
valor sobre el aspecto o la conducta de los otros
personajes, por ejemplo, la vieja raposa halaga a la
Mozuela hablándole de su belleza, la Mozuela en-
juicia la conducta del Afilador: *¡Qué tuno eres!* (19).
*¡Buen peine eres! ¡Mira que pasan púas por esta
puerta! ¡Pues a todos ganas!*

El autor expresa también juicios de valor, si bien
en forma indirecta, por medio de adjetivos, por ejemplo, sobre la Raposa encontramos: una sombra / una
sombra raposa / tía maulona / sombra calamocana.
No hay ni un nombre que pueda considerarse neutro: no cabe duda de que Valle-Inclán quiso pre-
sentarnos a una tía zorra, mentirosa y borracha, y,
por la conducta que sigue la vieja, se puede deducir
con seguridad qué valoración le da el autor.

Es curiosa la recurrencia que observamos incluso
en el uso de los indicios cinésicos; una y otra vez
el autor utiliza el mismo recurso para indicar des-
precio, la Mozuela canturrea ante la Raposa y ante
su madre varias veces: *la Mozuela, en señal de me-
nosprecio, canta* (17); *Sentada en el borde del dornajo, se ajena con despectiva canturria la Mozuela*
(24); *en el pretil del dornajo quedaba la hija can-
tando* (28).

Otros elementos cinésicos y paralingüísticos informan sobre las funciones latentes: *grita la vieja,
llora la Mozuela. La disputa se aleja, se apaga, se
extingue. Perdura el lloriqueo de la Mozuela. Las
voces se abrían en círculos alternos*, etc.

Personajes:

El personaje literario es una unidad de significación que se constituye a partir de sus propias palabras, de su actuación y de lo que los demás personajes o el autor digan de él. Esto significa que se

presenta en el texto por medio de un conjunto de datos discontinuos que el lector va acumulando en una «etiqueta semántica», o unidad de significación «personaje». Es absurdo enfocar su estudio como si se tratase de un ente real y respondiese a una realidad extraliteraria o a unos tipos diseñados con base en la realidad social.

En el conjunto de la obra los personajes quedan implicados en las funciones articulándolas en unidad y constituyen un sistema semiótico cerrado, ya que cumplen las exigencias propias de los sistemas sémicos:

a) entran en un proceso de comunicación;

b) son unidades que pueden identificarse en un mensaje (lexicon);

c) sus combinaciones y relaciones quedan explicadas en una sintaxis o conjunto de normas limitado;

d) son independientes del número de funciones, de su complejidad, de su ordenación y, por tanto, de su significado, es decir, tienen una doble articulación como unidades independientes y como elementos de un conjunto más amplio[3].

Son, ni más ni menos, como las unidades del sistema lingüístico, y, efectivamente, se han definido en ocasiones, de forma paralela a las unidades lingüísticas.

El personaje es el soporte de acciones y de transformaciones que constituyen el relato, en el que participa con otros personajes respecto a los cuales puede ser paralelo (sinonimia), u opuesto (contraste). Desde esta perspectiva puede definirse el personaje como «un conjunto de rasgos diferenciales...

[3] Vid. PHILIPPE HAMON, «Statut sémiologique du personnage», en *Poétique du récit*, Ed. du Seuil, París, 1967 (de varios autores, encabeza R. BARTHES).

de rasgos distintivos»[4] o, como prefiere decir Greimas, con un esquema más lingüístico, «los actores y los acontecimientos narrativos constituyen los lexemas (=morfemas en la acepción americana), analizables en sememas (acepciones o «sentidos» de las palabras) que, con la ayuda de las relaciones sintácticas, se encuentran organizados en enunciados unívocos»[5].

Para Propp el personaje tiene un valor sobre todo funcional, más que morfológico o semántico, es decir, es base de relaciones.

En cualquier caso el estudio de los personajes y su definición se ha hecho sobre esquemas lingüísticos. Por ello, parece lógico que la sintaxis de la obra pueda establecerse tanto como una articulación de funciones, como hemos hecho en el epígrafe anterior, como también como una articulación de personajes, con un código propio en cada obra y con una gramática específica.

La identificación y delimitación del personaje puede realizarse por acumulación de informes directos, por relación a otros personajes contrastando las actuaciones de uno y otros o por relación a tipos establecidos por la literatura anterior:

a) en su etiqueta semántica, o conjunto de rasgos que el lector recoge en la obra de palabras del autor o de otros personajes;

b) por su modo de participar en las funciones, es decir, por sus acciones en la obra;

c) por sus relaciones con otros personajes de la obra, respecto a los cuales puede presentar isomorfismo, desdoblamiento, sincretismo;

[4] Vid. I. LOTMAN, *Structure du texte artistique*, Gallimard, París, 1973.
[5] Vid. A. J. GREIMAS, *En torno al sentido*, Ed. Fragua, Madrid, 1973, p. 223.

d) por su integración en un tipo general de actantes (celestina, quijote...);

e) por su relación con las modalidades de acción (querer, saber, poder);

f) por sus apariciones en el relato (frecuencia, latencia, relevancia).

El personaje suele aparecer en la obra literaria con un nombre propio que tiene una función meramente denotativa y, en principio, no significa nada, a no ser que se trate de un nombre histórico o literario (Napoleón, Celestina...), ni predetermina un modo de actuar o de ser. Se presenta como un cheque en blanco del que podemos esperar cualquier tipo de actuación o de reacción, pero no un obrar específico.

Si la presentación se hace con un nombre común de significado denotativo (por ejemplo: la hija, la madre...), ocurre lo mismo que con el nombre propio; si el nombre aporta una connotación meliorativa o peyorativa (por ejemplo, nombres de oficios: ventera, afilador), el lector dispone de pistas o expectativas de interpretación. Pensemos la diferencia enorme que va en la simple presentación de un personaje como «la madre», o como «la raposa». El primero no ofrece prácticamente ninguna pista, se limita a indicar una relación familiar, que incluso puede convertirse —así ocurre en *Ligazón*— en un rasgo funcional, pero que carece de un valor semántico en relación a un modo de actuar o de ser; el segundo, «la raposa», indica claramente lo que puede esperarse de su actuación.

La «madre» se cita en *Ligazón* por primera vez en la pregunta que la vieja raposa hace a la mozuela: *¿Por dónde para tu madre?* (14). De momento no se aclara nada, es una unidad vacía que se irá llenando de significado a medida que transcurre la obra. El lector no posee ningún indicio sobre tal personaje concreto, únicamente dispone de una presuposición general sobre la categoría «madre» que admite con toda propiedad la expectativa que la mozuela anuncia a la vieja raposa: *el caso que usted maquina no hay madre en el mundo que lo resuelva sin contar con su hija* (16). La vieja insinúa lo contrario apoyándose en una escala de valores propia de una moral esperpéntica: *ella tiene otra experiencia y sabe lo que suponen trabajos y penas... tu madre sabe lo que más te conviene* (16). El lector dispone en este momento de la obra de dos expectativas respecto al personaje: que actúe como se espera de una «madre», protegiendo a su hija, o que actúe movida por la avaricia, como anuncia la raposa, valorando más el dinero que la honra, la libertad, o el gusto de la mozuela. La obra demostrará en lo que sigue que la madre no resulta arquetípica, sino esperpéntica.

El otro personaje al que hemos aludido, la sombra Raposa, se presenta ante el lector con esa calificación que ya la tipifica como «celestina», lo que implica una forma de conducta y una funcionalidad en la estructura narrativa que irá confirmándose acumulativamente por medio de datos sobre su aspecto, ambiente, ideas y actuación. La vieja, al contrario de lo que ocurre con la madre, responde a un personaje arquetípico desde su presentación.

Las dos viejas tienen una misma funcionalidad, son personajes sinónimos, pero tienen dos notas en contraste: una por relación a la mozuela (madre/no-madre), otra por relación a su *status* literario (no arquetípica/arquetípica).

En *Ligazón* hay un subtítulo, *Auto para siluetas*, que anuncia una forma específica de obra dramática. Los personajes no se toman como individualidades, sino que son marionetas, siluetas, que actúan en una función, sin matices, movidos, no por un *fatum* trágico, no por un enfrentamiento de deberes, sino por motivaciones que se anuncian en el título: la avaricia y la lujuria.

Por eso los personajes no se describen en detalle, no sabemos el color de sus ojos o de su pelo, su altura, su vestimenta, o cualquier otro de los rasgos que se encuentran en una descripción realista, se nos da simplemente una pincelada impresionista de atuendo o de actitud para definir una actuación o un contraste, por ejemplo, *una sombra —báculo y manto—* (13), define a la vieja; *la dueña y la tía maulona, dos sombras calamocanas con leria tartajosa, esguinces y vaivenes* (22), dibuja a las dos viejas emisarias.

Ninguno de los personajes tiene nombre propio, que se suple mediante un uso continuado de la anáfora y de la metonimia, que llegan a constituir un rasgo de estilo en *Ligazón*.

La semiología del relato tiene siempre presente el aspecto lineal, discursivo del texto y de su lectura. Efectivamente, a lo largo de todo un texto van acumulándose nombres y adjetivos sobre un personaje al que se alude generalmente con un nombre propio, pero si el personaje carece de nombre propio, se utilizan con función denotativa nombres comunes cuyo significado puede aludir a una parte del personaje solamente, por ejemplo, a su oficio, a sus relaciones, a su aspecto. En cada caso la denotación se verifica totalmente, aunque el significado aluda a una circunstancia, y se añade una nueva información. Así, el personaje Afilador carece de nombre y continuamente el autor cambia el lexema que lo denota: mozo, errante, tunante, prosero, etcétera. Al final de la obra el lector dispone de un personaje calificado con muchos rasgos, funcionales

o no, opositivos o no, que han servido para una
denotación anafórica y, en ocasiones, metonímica.
El discurso y su coherencia está asegurado por las
continuas recurrencias que reenvían una y otra vez
a una información anterior: del mismo personaje se
nos dice la profesión, las relaciones familiares, sus
relaciones sociales, su valoración, o incluso se nos
da un dato redundante, como «el errante» sobre el
Afilador (los afiladores eran siempre errantes).

El lugar donde se coloca la acción condiciona
también en cierto modo las expectativas del lector
respecto a los personajes. Puede haber coincidencia
o contraste entre el personaje y su espacio físico.
Un ventorrillo, con un dornajo donde beben los animales, un campillo, unos perros, etc., crean un ambiente y son otros tantos signos que el lector interpreta como lugar adecuado para situar un drama
pasional entre personajes primarios que pueden mo-
verse por avaricia o lujuria. Una vieja coja, que viene a tomar una copa de resolio, ¿qué va a ser más
que una celestina de pocos alcances?; una mozuela
de ventorrillo, sin más tarea que despachar copas
grandes o pequeñas, ¿qué va a ser, o qué va a hacer
sino lo que hace, defenderse con unas tijeras?

Y no es que admitamos un determinismo en la
conducta, una relación de causalidad entre el ambiente y la actuación de los personajes, se trata de
algo más simple: considerada la obra como un signo
autónomo en el que todos los elementos tienen un
contenido, la interpretación de los signos de ambiente se realiza en relación con los signos personales
y de conducta, no en relación con una realidad extraliteraria. La obra de arte es autónoma, las relaciones se agotan en sus límites propios y las significaciones de todos los elementos se ponen en un sistema
cerrado. No se descarta en absoluto que una vieja

(diríamos quizá «anciana») coja (diríamos quizá «con
un defecto físico»), miserable (diríamos quizá «sin
recursos económicos»), etc., pueda tener una conducta moralmente aceptable, pero si en la obra se nos
presenta como «sombra raposa», en un ambiente de
ventorrillo, antes de que empiece a hablar y antes
de que veamos su modo de actuar, tenemos una expectativa sobre su funcionalidad literaria. Basta pensar en el cambio que supondría hacer una conmuta-
ción de discurso: «llegó una anciana que cojeaba,
vestida humildemente con un manto...». Es indudable
que en *Ligazón* todo va constituyendo indicios que
marcan a los personajes e informan al lector recurrentemente sobre ellos.

En un ambiente de ventorrillo, con esos personajes, no podía darse un drama psicológico o intelec-
tual: resultaría inconcebible el espacio de *Ligazón*
en una obra como *Sonata de primavera*.

El personaje con sus calificaciones, el ambiente
y el espacio en que se sitúa, predeterminan o limitan
las posibilidades de articulación sintáctica literaria.
Asimismo, las relaciones que el personaje establece
en el conjunto con otros personajes origina también
una limitación, como vamos a ver.

Los personajes de *Ligazón* son los siguientes:

una ventera, una vieja/una mozuela, un afilador.

Hay, además, otro personaje que no aparece más
que como «un bulto», o por las referencias de otros
personajes, que no llega a disponer de voz propia, y
sin embargo es el móvil inicial y final del drama
y gravita continuamente sobre los demás personajes, a los que mueve. Paralelamente a este escamoteo del personaje principal hay que interpretar la
técnica anafórica que hemos explicado para los otros
y las continuas perífrasis con las que se elude la

palabra directa [6], y también el escamoteo de las
principales escenas que no aparecen en el diálogo
y se ofrecen por medio de signos cinésicos o paralingüísticos.

Si por el ambiente, el lugar, la presentación de
los personajes, etc., el lector ha creado una expectativa de drama primario, está claro que con ese
conjunto de personajes no puede esperar otro conflicto que el que deriva de la solicitación de la mozuela por dos pretendientes, es decir, los dos hombres que aparecen: el viejo y el afilador. Las dos
viejas no pueden tener otro papel que el de auxiliares o informantes. Sin embargo, las posibilidades
de plantear y resolver el drama son muy amplias.

El mismo cuadro de personajes se encuentra en
otras obras de Valle Inclán, por ejemplo en las *Co-
medias bárbaras* (aunque con una corte de personajes secundarios, dada la mayor complejidad de la
obra) y con las mismas relaciones, y, sin embargo,
la estructura es completamente diferente:

Don Juan Manuel Montenegro / Sabelita / Cara de Plata
Pretendiente (viejas) / Mozuela / Afilador

Las coincidencias se verifican a un nivel morfológico, considerados los personajes como unidades
de relación que se concretarán funcionalmente en
el drama. Su articulación sintáctica, aunque condi-
cionada por todas las circunstancias a que hemos
hecho referencia, puede ser variadísima: Don Juan
Manuel tiene en *Cara de Plata* una actuación muy
diferente de la que sigue el pretendiente en *Ligazón;*
la actitud de la mozuela es diametralmente opuesta
a la de Sabelita, y el afilador y Cara de Plata no

6 Valgan, como ejemplo, *¡deje esos belenes!, la encubierta
que usted trae; ¡mira que pasan púas por esa puerta!; toma
soleta; tenle parrafeo...*

tienen nada en común. El autor dispone de muchas posibilidades teóricas de relacionar a los personajes, si bien va limitándose por la forma de presentarlos, por el ambiente en que los sitúa, por el carácter que les da, etc.

De nuevo encontramos un paralelismo entre los dos sistemas sémicos que utiliza la obra literaria: el lingüístico y el literario. La nómina de personajes es para el sistema sémico literario lo que las unidades de un lexicon son para el sistema lingüístico.

Entre los Nombres y los Verbos, por ejemplo, pueden establecerse una serie de relaciones determinadas por sus respectivas categorías, y de la misma manera que un Nombre no puede ser núcleo verbal, o que un Verbo no puede ser núcleo nominal, las unidades literarias (funciones, personajes, etc.) imponen unas relaciones también determinadas: la vieja no puede ser objeto de una pasión amorosa (a no ser en una obra cómica), pero sí puede ser sujeto de avaricia; no es probable que la madre se mueva en la trama por la lujuria, y, en todo caso, se moverá por el amor a la hija o por la avaricia. Si estamos ante una moral de esperpento es más probable que la madre actúe por avaricia y que no quede bien parado el amor filial, pero no lo sabremos hasta que la acción se ponga en marcha. Las expectativas de acción no predeterminan nada, pero sí son una realidad en el sistema sémico literario. De la misma manera, las categorías lingüísticas exigen unas relaciones determinadas, pero no predeterminan nada sobre el significado de la frase.

Cuando se entra ya en la organización sintáctica, la estructuración de los personajes se establece de acuerdo con unos ejes semánticos, que en la obra de Valle Inclán que analizamos se anuncian ya desde el título: la lujuria, la avaricia y la muerte.

Tales ejes semánticos son comunes a toda la obra esperpéntica de Valle, pero en cada obra se articulan de un modo concreto que descubrimos a partir de un análisis de los personajes.

T. Todorov afirma textualmente que «il vaudrait mieux décomposer chaque image en traits distintifs, et mettre ceux-ci en rapport d'opposition ou d'identité avec les traits distintifs des autres personnages du même récit» [7], para llegar a establecer un número reducido de ejes de oposición, cuyas combinaciones explicarán a los personajes en su significado literario y en su actividad funcional.

Los ejes semánticos pueden descubrirse también al analizar las recurrencias léxicas o semánticas de la obra, de la misma manera que el ritmo se determina a partir de las recurrencias fónicas. Vamos a comprobarlo sobre el mismo personaje, la madre, que nos ha servido de ejemplo más arriba.

En principio, y puesto que se presenta sin nombre propio, el nombre común «madre» comporta un significado, el que tiene en el sistema lingüístico, sin marca literaria alguna. Ya en la obra sabemos que es «ventera», puesto que en la relación inicial de personajes lo advierte así el autor e invariablemente lo repite en los diálogos, cuando debe tomar ella la palabra.

Hay una información sobre ella en las acotaciones, es decir, procedente directamente del autor, que la describe con signos cinésicos junto a la vieja raposa: *salen la dueña y la tía maulona, dos sombras calamocanas con leria tartajosa, esguinces y vaivenes* (22). Más adelante, y también en las acotaciones, se lee que *la madre aspa los brazos* (24), que *sale enarbolando una escoba, la tía ventorrillera* (33)

[7] Vid. T. Todorov, *Poétique de la prose*, Ed. du Seuil, París, 1971.

y que *la madre y la hija disputan tras la puerta...
grita la vieja* (34).

Con las informaciones del autor se ha formado la
siguiente etiqueta semántica del personaje «madre»:

> ventera
> dueña (del ventorro)
> madre (de la mozuela)
> calamocana
> aspaventera
> tía ventorrillera
> enarbola la escoba
> disputa con su hija
> grita

el dibujo es ya bastante significativo, pero aún hay
que añadir otros rasgos que proceden de lo que la
vieja dice a la moza, y de lo que ésta dice a la vieja
raposa y a la madre, y, por último, lo que se deduce
de su propio modo de hablar y de actuar, que, en
parte, está reflejado en las acotaciones, como puede
comprobarse en la relación anterior *(enarbola la
escoba, disputa con su hija, grita).*

La vieja raposa pregunta por la madre, *¿por dónde
para tu madre?* (14) a la que sin duda conoce de
antes, ya que dice, *tu madre, si le da la tentación,
es capaz de convidarme* (14). Esta afirmación de la
raposa da un informe sobre la madre, es un informe
directo. Más adelante la raposa traza un perfil de
la madre por oposición a la hija: *tu madre te ha
dado mejor enseñanza... al miramiento que ella tiene
nunca aprobaría esa correspondencia para un hombre de prendas,* porque *ella tiene otra experiencia
y sabe lo que suponen trabajos y penas* (16).

Este dibujo que ofrece la raposa sobre la ventera
define tanto a una como a otra, es decir, insiste
recurrentemente sobre la sinonimia de ambos personajes. La raposa tiene una escala moral esperpén-

tica que da por bueno lo inmoral, si hay dinero, y llama «miramiento» al venderse por una gargantilla.

Frente a esta expectativa de conducta de la madre, la mozuela opone otra: *el caso que usted maquina no hay madre en el mundo que lo resuelva sin contar con su hija* (16). Podría coincidir la actitud de la hija con la de la madre en la moral esperpéntica, ya que la mozuela da una serie de razones que no siempre parecen concordes entre sí: teme que el pretendiente se canse y la abandone *(¿Para qué me quiere ese hombre? ¿Para amiga y que donde se canse me deje?*, 16), o le parece poco lo que le ofrece *(una gargantilla de aljófares, para quien tanto tiene, nada representa. De perderme, que sea en carroza y para salir de cuidados*, 26), o prefiere seguir su gusto *(antes me doy a un gusto mío para perderme*, 27), o no quiere venderse después de que ha conocido al afilador *(mi flor no la doy al dinero*, 32).

Parece que la oposición madre-hija no responde a un eje semántico de moral positiva (natural-esperpéntica), sino a «libertad-imposición», o al grado de avaricia, mayor en la mozuela que en la madre *(¡Ay mi madre! Usted con poco se ciega*, 26). Han llegado a un enfrentamiento la madre y la hija que define principalmente a la madre como avariciosa, como autoritaria, como gritona. Las razones de la hija resultan un tanto ambiguas, pero queda claro el enfrentamiento.

Tanto la mozuela como el afilador se refieren a la ventera con el adjetivo «vieja» insistiendo en la oposición «jóvenes-vieja» *(¡Buen trato te da la vieja!* 32; *¿has oído a la vieja?*, 34), y ambos, mozuela, afilador, expresan claramente el móvil de los malos tratos de la vieja *(quiere perderme con un judío de mucha plata*, 32; *busca dinero*, 34).

Puede comprobarse cómo va perfilándose la figura de la ventera por acumulación de datos, o por contraste con otro personaje. En su silueta no aparece ni un solo adjetivo de valor positivo, ya que los que la raposa le dirige, si bien parecen mejorativos, hay que interpretarlos en el cinismo de la moral esperpéntica (tiene experiencia, tiene miramiento, ha educado a su hija...).

Por último, la figura de la ventera se complementa con los diálogos en los que ella interviene: con la raposa se regocija pensando en el dinero del pretendiente, alardea de bruja y utiliza un lenguaje pródigo en cumplidos mezclados con amenazas; con su hija se enfrenta con un lenguaje grosero e imperativo e intenta hacerle considerar como una suerte la oportunidad que se le presenta de venderse a un pretendiente rico.

Dejando aparte cualquier interpretación sociológica, psicológica o moral de esa figura de madre, y limitándonos a su valor como unidad significativa en el texto, contamos con indicios que informan sobre su aspecto (vieja bruja con escoba, gritona, aspaventera), su conducta (autoritaria), su moralidad (avariciosa, pretende vender a su hija al mejor postor). Todos estos indicios hacen encajar a la ventera en un eje semántico que la opone por el interés a su hija y al afilador; por la avaricia encaja en un eje semántico, no de oposición, sino de sinonimia, con la otra vieja, y ambas con el pretendiente rico. La avaricia es el rasgo que más recurrentemente define a la vieja ventera; la vejez la opone a su hija y al afilador y vuelve a señalar la sinonimia con la vieja raposa y quizá —en la obra no se alude a la edad del pretendiente, pero puede suponerse viejo por los métodos que usa— al pretendiente.

Los personajes van, pues, perfilándose por rasgos directos o por contraste con otros, por su valor funcional en el relato y del análisis de todos estos datos puede establecerse su significación.

Lo mismo que hemos hecho respecto a la ventera, podríamos verificarlo respecto a los otros personajes de *Ligazón*, pero no aclararía más. Nos limitaremos a destacar algunos detalles interesantes que afectan a todos en general.

Ningún personaje cuenta con la simpatía del autor, que los presenta invariablemente con metáforas, metonimias o adjetivos degradantes. Ellos entre sí parecen tratarse bien, a veces, pero es cuando hay un interés inmediato: la vieja halaga a la mozuela para conseguir lo que viene buscando; el afilador es muy fino en su estrategia de conquistador de la moza; las dos viejas se despiden con ofrecimientos y reverencias.

En las acotaciones no se encuentran nunca adjetivos meliorativos, a lo más neutros (de profesión, de relación familiar, de función en la obra), y los más frecuentes son degradantes. Sin duda alguna la peor tratada es la vieja celestina, aunque la madre resulta más repelente y en la obra el que recibe el castigo es el pretendiente... La vieja raposa se concreta en pinceladas impresionistas: *una sombra —báculo y manto—*, por su movimiento, *anda a trencos compases*, aparece como *un tenue relieve*, es *una sombra raposa* que espejea la gargantilla del soborno en *el garfio de los dedos* y se marcha con *galgueo trenqueleante* y se pierde de vista con la misma metonimia anafórica con que se presentó: *la comadre —báculo y manto—*. Todo apunta hacia una isotopía degradante: persona→animal (raposa, galga)→cosa (dedos=garfios), y a una isotopía sobre su defecto físico: *báculo* (dos veces), trencos compases, galgueo trenqueleante...

No hay un rasgo amable en esta figura, como cabe esperar dada su funcionalidad en la obra (celestina), y lo mismo ocurre con los demás personajes que se describen de acuerdo con su función, sin concesiones ni matizaciones o complejidades. El autor no les ha dado nombre propio, son *sombras, siluetas* que se perfilan a contraluz sobre un fondo iluminado: la puerta del ventorrillo, la luna, el camino y que no llegan a salir del anonimato ni con un crimen. Se identifican, se definen y se limitan en oposiciones binarias por la edad, el sexo, la profesión, la funcionalidad, la familia:

> *edad:* tres viejos / dos jóvenes
> *profesión:* ventera / afilador
> *familia:* madre / hija
> *sexo:* tres mujeres / dos hombres
> *rol psicoprofesional:* pretendientes / celestinas / pretendida
> *rol literario:* protagonistas / antagonista

La Mozuela, como protagonista, figura en todas las oposiciones válidas, así como figuraba —ya lo hemos verificado— en todas las funciones, en todas las escenas.

Todos los personajes quedan definidos por el conjunto de rasgos que les corresponde por la edad, profesión, sexo, relaciones y funciones. El autor va refiriéndose a ellos por medio de rasgos de oposición, según el diálogo en el que estén y siempre que sea lo suficientemente caracterizador y no dé lugar a confusiones. La presentación para darles la palabra es la misma a través de toda la obra (la Ventera, la Raposa, la Mozuela, el Afilador, un Bulto de manta y retaco). En los diálogos los personajes se tratan según les corresponde con un pronombre de primera o de segunda, y se refieren a los demás en tercera persona: *la comadre, un amigo, ese punto;* muy pocas veces se objetivizan, por ejemplo, la ventera dice a su hija: *si escuchas a tu madre* (26).

En el teatro no suele hacerse una descripción introductoria del personaje con un conjunto de datos que se utilizarán en sus identificaciones posteriores. Por ejemplo, podía haberse dicho en las acotaciones: una vieja, trenqueleante, celestinesca, comadre de la ventera, etc., y luego aludir anafóricamente a la vieja con uno solo de estos rasgos, diferente en cada ocasión y suficientemente identificadores [8]. Esta técnica parece más propia del relato que del drama y, desde luego, Valle Inclán no la usa. Los apelativos van desgranándose sucesivamente, insistiendo en una isotopía, o añadiendo nuevos informes. Por ejemplo, el personaje «pretendiente» no llega ni siquiera a aparecer en escena y únicamente en la última de las acotaciones se dice que llega *un bulto de manta y retaco;* los demás personajes van haciendo alusiones indirectas o directas y disponemos al final de una lista que insiste en varias isotopías:

> *un hombre que te llena las manos de oro*
> *ese hombre*
> *el cortejo*
> *un amigo que no mira la plata*
> *ese punto*
> *quien tanto tiene*
> *ese punto que cambia como la veleta*
> *ese cortejo*
> *un judío de mucha plata*

El lector va enterándose a medida que lee, recurrentemente, de que el pretendiente (el cortejo) es rico, inconstante, judío (?). La mozuela se refiere a él con un tono despectivo (cuatro veces usa el deíctico *ese,* cuyo valor despectivo es conocido); las viejas lo tratan mucho mejor: la raposa no llega a concretar nunca, la única vez que lo nombra es

---

8 Vid. W. O. HENDRICKS, *Semiología del discurso literario,* Ed. Cátedra, Madrid, 1976, cap. II.

en un supuesto general: *¡No son iguales todos los días! Hoy te acude la proporción de un hombre que te llena la mano de oro, mañana no la tienes* (15); la madre lo llama *un amigo que no mira la plata.*

Para el autor es simplemente un *bulto*, tanto en la lista de las *dramatis personae* que encabeza la obra como en la lengua de la última acotación.

Los rasgos pueden intensificarse más o menos. A este respecto resultan interesantes dos conceptos: el de frecuencia y el de latencia. Si un dato se encuentra en calificación única, se limita a dar un informe, pero si aparece en calificación reiterada sobre el mismo personaje, además del informe da lugar a una connotación que se relacionará con una intensificación y un relieve determinado.

Se establecen así jerarquías entre los personajes valorando sus calificaciones únicas o reiteradas, su funcionalidad, su virtualidad, su actuación.

La repetición de calificaciones o de actuaciones (sobre un personaje, sobre una función) puede tener también una intención unificadora, es decir, puede añadir a su valor descriptivo o intensificador, un uso anafórico, ya que denota al personaje sin citar su nombre y refiriéndose a él parcialmente. En este sentido puede considerarse con un valor paralelo al que en el sistema lingüístico tienen los elementos deícticos y anafóricos.

En la expresión lingüística una oración puede yuxtaponerse a otra y ser ambas independientes, pero si hay una deixis anafórica se consigue una coherencia entre ellas y una unidad indudable. Podemos comparar:

Pedro ha comprado un libro. Los jueves tengo clase.

La independencia no sólo es sintáctica, sino además semántica. Pero si se repite una palabra, o un con-

tenido, total o anafóricamente, directamente o por
medio de un sustituto, se establece una coherencia:

Pedro ha comprado un libro. (Este) era de filosofía.

Hay una independencia sintáctica como en el caso
anterior, pero hay una unidad semántica que establece una cohesión indudable entre las dos oraciones. De esta coherencia se deriva una probabilidad
de uso en un texto frente a lo inverosímil que resultaría el uso de las dos frases del ejemplo anterior
en un texto.

Hemos advertido las mismas posibilidades de relación en el texto literario respecto a sus unidades.
Una función puede seguir a otra sin que entre ellas
haya relación directa, o pueden tener un personaje
común, aunque sea con funcionalidad diferente, que
actúa como coordinador, como elemento de relación.

En *Ligazón* la Mozuela está —ya lo hemos subra-
yado— en todas las escenas, como sujeto, como
objeto, hablando o callada, pero siempre está en
escena; está también en todas las oposiciones sig-
nificativas y esto presta a la obra una unidad patente. Por otra parte, las alusiones a los personajes
se hacen mediante signos léxicos que expresan un
rasgo parcial y que se va sustituyendo por otro, sin
denotación directa al personaje, aunque siempre queda claro a quién se refieren en cada caso. La anáfora
se usa como recurso literario con una función in-
tratextual clara: alcanzar mayor unidad y coherencia en el texto.

La recurrencia de los adjetivos o de las denominaciones es, lo mismo que la estabilidad del nombre
propio y de sus sustitutos pronominales, un elemento esencial para conseguir la unidad y la legibilidad
del texto literario.

Determinados autores actuales (Beckett, Robbe-Grillet, Faulkner, por ejemplo) procuran sistemáticamente la inestabilidad del personaje cambiándole el nombre o poniendo más de un personaje con el mismo nombre [9]. No es, ni mucho menos, la intención de Valle-Inclán: los distintos personajes se hacen con el uso de la palabra en los diálogos mediante un nombre, siempre el mismo (la Ventera, la Raposa, etc.), y no hay posibilidad de confusión; sin embargo, lo que continuamente cambia son las calificaciones (semántica o semiológicamente) de modo que el personaje se convierte en un sistema de equivalencias funcionales o reales: Ventera=madre=vieja=comadre=volandista=hermana. Tales equivalencias pueden ser contextuales, como por ejemplo: *comadre, ¡somos de un arte!=¿Usted es volandista?* (23-24), o sociales; por ejemplo, el afilador=el errante; pueden ser motivadas lingüísticamente u opacas; por ejemplo, celestina=raposa, pero no madre.

El valor identificador e intensificador que se ha reconocido a los epítetos épicos puede descubrirse también en estas recurrencias anafóricas que continuamente están en el texto literario que analizamos.

La coherencia y la unidad del texto procede de la articulación lógica de las funciones y de los personajes y se logra mediante el uso de unidades lingüísticas que remiten recurrentemente a un mismo personaje, a una acción idéntica y a la vez crean una unidad de estilo verbal.

---

[9] Cfr. «Mientras en la novela clásica el nombre es la constante a la que se van sumando unos caracteres y unas aventuras y el personaje se presenta en principio como si llevara un carnet de identidad, como elemento constitutivo del ambiente, como nudo de relaciones..., Faulkner se divierte dando el mismo nombre a personajes muy distintos o dando diferentes nombres a un mismo personaje»; M. Butor, *Sobre literatura, I,* Ed. Seix Barral, Barcelona, 1967 (p. 367).

VII. UNIDAD SÉMICA DEL POEMA
A UN OLMO SECO, DE A. MACHADO

El poema de A. Machado *A un olmo seco* no es particularmente brillante en sus recursos expresivos; ofrecería escasa materia de análisis a la retórica tradicional: apenas tiene metáforas, no hace alardes métricos, tiene un lenguaje directo, sencillo, de referencias fácilmente determinables en una realidad circundante, el léxico es corriente, no marcado poéticamente, el tema es también sencillo, casi trivial. El tono es confidencial, menor, casi diario:

> Al olmo viejo, hendido por el rayo
> y en su mitad podrido,
> con las lluvias de abril y el sol de mayo,
> algunas hojas verdes le han salido.
>
> ¡El olmo centenario en la colina
> que lame el Duero! Un musgo amarillento
> le mancha la corteza blanquecina
> al tronco carcomido y polvoriento.
>
> No será, cual los álamos cantores
> que guardan el camino y la ribera,
> habitado de pardos ruiseñores.
>
> Ejército de hormigas en hilera
> va trepando por él, y en sus entrañas
> urden sus telas grises las arañas.

Antes que te derribe, olmo del Duero,
con su hacha el leñador, y el carpintero
te convierta en melena de campana,
lanza de carro o yugo de carreta;

antes que rojo en el hogar, mañana,
ardas de alguna mísera caseta,
al borde de un camino;

antes que te descuaje un torbellino
y tronche el soplo de las sierras blancas;

antes que el río hasta la mar te empuje
por valles y barrancas,
olmo, quiero anotar en mi cartera
la gracia de tu rama verdecida.

Mi corazón espera
también, hacia la luz y hacia la vida
otro milagro de la primavera [1].

Es uno de los poemas más conocidos de su autor.
Una extraña sugestión se desprende de su lectura;
un lirismo intenso traspasa los versos sencillos y las
sencillas palabras que los forman; el tema tiene un
tono modesto, resignado, y deja un poso de agria
melancolía. Un árbol viejo, una ruina por dentro y
por fuera, reverdece en unas humildes hojas y el
poeta, que se siente como un árbol viejo, se anima
con la esperanza de que la vida haga en él un milagro parecido.

Las palabras, que interpretadas en su valor referencial, describen una realidad sensible exterior al

[1] En A. MACHADO, *Poesías completas*, Ed. Espasa-Calpe, Madrid, 1977 (2.ª ed.), Selecciones Austral, prólogo de Manuel
Alvar. Citaremos por esta edición.

poeta, cobran un nuevo sentido con esa afirmación
final de un posible paralelismo con su vida. El lector desdobla la imagen inicial del árbol al situarla
en relación a una vida humana y advierte la existencia de una transferencia simbólica, es decir, advierte
que una realidad sensible (o presentada como tal)
denotada por el lenguaje, cobra un nuevo sentido al
referirse a una actitud subjetiva, inicialmente consciente o no consciente. El poeta encuentra en la realidad, o sueña, una imagen sensible que da forma
a la idea que él tiene de sí mismo y realiza la transferencia. El viejo árbol puede ser una realidad exterior que se ofrece a la vista, pero se transforma
en símbolo del poeta, y las ramas verdes, que parecen un milagro en el árbol seco, sugieren la posibilidad de otro milagro en la vida.

El olmo viejo con hojas verdes parece una imagen
soñada, o una imagen recogida por los sentidos.
Bachelard afirma que no vemos las cosas si antes
no las hemos soñado; sea así o en sentido inverso,
Machado se fija en el olmo porque es símbolo adecuado de su vida. Esto que se deduce de la lectura
del poema queda confirmado explícitamente en la
última estrofa, que aclara también la clave del símbolo: «mi corazón espera también...».

La transferencia se encuentra en otros poemas de
Machado: la idea de algo que próximo a la muerte
se renueva la encontramos, por ejemplo, en el poema XXV, que habla de que la tarde acaba mientras
«la hora de la ilusión se acerca»; en L opone «cuán
tarde ya para la dicha mía... / yo alcanzaré mi juventud un día», el LXXX repite el mismo motivo
de la tarde en el ocaso y la dicha posible. «La tarde
está muriendo... la sombra del amor te aguarda»...
y en muchos otros poemas establece Machado estas
sinonimias oníricas, o analogías simbólicas, entre su

ser, su vida y algo que acaba: el árbol viejo, la tarde que muere, las plazas solitarias de las ciudades muertas... en las que de pronto algo revive: unas hojas verdes, la esperanza del amor, una risa de niño.

El olmo viejo queda denotado otra vez en el poema CXVI (es decir, el siguiente al que estamos comentando), titulado *Recuerdos*. Desde su tierra andaluza el poeta conserva el recuerdo o la imagen del árbol reverdecido, que presenta como una realidad fuera del poema: «¿Dará sus verdes hojas *el olmo aquel* del Duero?» Y la cita se repite, aunque generealizando, en el poema CXXVI, *A José María Palacio:* «¿Tienen los viejos olmos / algunas hojas nuevas?»

Si el olmo de los poemas es una realidad extratextual o es una imagen onírica resulta indiferente en el nivel poético, «les mots, en amassant songes, deviennent realités... ils tentent d'établir, d'une chose à une autre, des synonimes oniriques»[2]. Los versos de Machado descubren o crean analogías que se explican a lo largo del poema o se repiten en otros con la misma figuración o con otra semejante.

Una vez establecida la relación analógica entre los términos y sus respectivas referencias «árbol-poeta», lo que el poema dice del árbol el lector lo traspone metafóricamente al poeta. El significado denotativo de las expresiones *viejo, podrido, hendido por el rayo, invadido de hormigas y de arañas*, que con toda propiedad se remite a árbol, cobra sentido específico en el texto al atribuirlo a poeta, un sentido que es válido exclusivamente en los límites del mismo poema, o de los poemas que lo repiten, sin que en ningún caso pase del habla a la lengua.

[2] Vid. G. BACHELARD, *La poétique de la rêverie*, P.U.E., París, 1974, p. 42.

En su situación vital, o en su persona poética, el autor selecciona o propone una realidad y le da una interpretación simbólica: el árbol viejo con ramas verdes pasa a ser símbolo de una vida, de la vida de quien se siente viejo, acabado, vacío, pero no renuncia a un poco de esperanza, aunque sea mínima. Todo lo que en los límites del poema se refiere al símbolo «árbol» puede transferirse al simbolizado «poeta», con la debida adecuación:

> árbol viejo — hombre viejo
> árbol hendido por el rayo — hombre herido por una desgracia
> árbol podrido — hombre desengañado...

Y como en el caso de la metáfora, la relación que se establece entre dos términos es siempre ambigua, polivalente, de modo que aunque destacamos una nota (el rasgo dominante) común a ambos términos, no queda agotada en ella la zona de significación común. Si establecemos la equivalencia «podrido-desengañado» es simplemente para concretar una entre las posibles: *podrido* es unívoco respecto a *árbol*, pero polivalente respecto a *hombre*.

Los términos entre los que se ha establecido la analogía son, casi siempre, concretos. Uno de ellos suele aludir a un sentimiento, una vivencia, mientras que el otro suele denotar algo real, objetivo, sensible, que da forma a lo anterior consumando un proceso de figuración. Se pone en relación la belleza de una mujer con el oro, el sol, las rosas, los claveles, el blanco lirio, a través de la vivencia amorosa del poeta; se pone en relación un sentimiento de desengaño, de frustración, de vejez, con un árbol hueco y podrido; se figura la muerte mediante un muro blanco a través del temor de un hombre; la esperanza se compara con la flor nacida en árido pedregal, o con las ramas verdes nacidas en un tronco viejo. La analogía se explica o cobra sentido en el poema sin que anule la referencia: las rosas siguen siendo rosas y admiten una descripción «real», aunque además sean las *mejillas* encendidas; el muro de un arrabal sigue siendo un muro situado en un espacio al que señala límites, pero además *la muerte* que impone leyes inexorables a los hombres...

Un autor puede establecer sus símbolos en una determinada realidad, y puede basarse en determinadas vivencias, que lo sitúan en un ámbito propio de preferencias, en un estilo, en una ideología determinada.

El poema *A un olmo seco* toma de la realidad un símbolo tan humilde, tan corriente, tan modesto, y además intensifica connotativamente ese significado con las expresiones *viejo, centenario, podrido en su mitad...*, que el lector se identifica inmediatamente con el autor, comparte la vivencia sugerida por el símbolo, de ahí la sugestión que suscitan los versos.

No se compara Machado con los álamos llenos de vida y de sonido que tienen la función hermosa de guardar el camino y la ribera, no siente el orgullo de ser de una noble raza «vieja amiga del sol», como dirá su hermano en unos hermosos versos, se ve simplemente reflejado en un árbol viejo, solitario, situado en una colina que lame el río, acosado por la ruina que lo invade y que, a pesar de todo, puede reverdecer, es más, ha reverdecido, ofreciendo a la vida un mínimo triunfo sobre la muerte.

La comunicación poética es indudable por la vía de la identificación o por la vía de la compasión. Es el sentimiento compartido la base de esa admiración que siempre ha suscitado este poema en un amplio número de lectores.

Pero, ¿qué recursos ha utilizado el poeta para conseguir esa participación del lector? Creemos que no se limitan al tema y al proceso simbólico que sobre él se establece, porque si el poema es unidad, si todo en él se orienta a un fin único, debe haber en la expresión los indicios suficientes para lograr esa comunicación. Otra cosa es que tales signos no queden de relieve o no se identifiquen con un determinado tipo de análisis. Tratamos de verificar si mediante el análisis semiológico puede alcanzarse una lectura literaria de los diversos niveles que constituyen la expresión e identificar alguno de los signos en que se basa.

La densidad semántica (lo que los términos significan como unidades de un lexicon y el sentido y la imagen asociada que adquieren en el texto) no es efecto del lector, que se limita a interpretar en un marco más o menos amplio lo que dice el poema. El lenguaje como vehículo poético debe incluir indicios suficientes para que el lector acceda al significado. Considerando el poema como un signo autónomo, quizá puedan descubrirse tales indicios, porque si la comunicación se ha conseguido mediante los versos, de un modo u otro en ellos están las claves suficientes para descodificar el mensaje.

Partimos de dos presupuestos, admitidos en general en el método semiológico: a) el poema es un signo autónomo en el que la significación de las partes cobra coherencia en el conjunto limitado que forman de acuerdo con unas normas específicas; b) el poema es polivalente semánticamente y ofrece varias lecturas posibles, según las variables que se pongan en juego.

No vamos a determinar qué expresiones concretas crean el mensaje poético, sería una pretensión utópica porque el significado poético no reside en ninguna expresión, ni en una distribución determinada, ni siquiera es el resultado de la suma de todos los elementos del poema, procede del conjunto y de la ordenación específica de todo. El análisis semiológico destacará algunas unidades fónicas, de relación, o de significación que el poema ha organizado en sus propios límites dándoles un sentido, de modo que sin perder sus valores referenciales (siempre extratextuales: objeto «olmo»), cobran sentido (siempre textual: símbolo «olmo») en el conjunto del poema.

El análisis semiológico determinará o simplemente confirmará la existencia de signos, de indicios, que se ordenan hacia una unidad superior, hacia una isotopía única o a isotopías en contraste, o complementarias, o como sea, que pueden pasar desapercibidos en una lectura literal, o en una interpretación aislada, pero que desde luego no son las únicas, ni en una distribución única, sino algunas dentro de las múltiples posibilidades del poema.

Algunos semiólogos soviéticos, cuyas investigaciones se basan directamente en la teoría de la información, consideran la literaturidad como una categoría del discurso en tanto éste conserve su entropía, es decir, en tanto pueda ofrecer variables para alcanzar nuevos sentidos. Cuando el texto resulta unívoco deja de ser literario[3]. Es la misma teoría enunciada ya por otras escuelas como *polivalencia semántica*, como *ambigüedad* o *plurisignificación* del texto literario.

Frente a esto resulta incompatible la afirmación de Katz y Fodor de que «una oración no puede tener en un contexto interpretaciones que no tenga en aislamiento», o que el texto literario sea el resultado

---

[3] Vid. J. KRISTEVA, «Problèmes de la structuration du texte», en *Théorie d'ensemble*, varios autores, Tel Quel, Ed. du Seuil, París, 1968, p. 298.

de una selección, ya que «las interpretaciones que
el hablante da a una oración en el contexto son una
selección de las que la oración tiene al estar aislada,
una teoría de la interpretación semántica procede
lógicamente de una teoría del efecto selectivo del
contexto» [4]. El texto literario olvida estas leyes continuamente, ya que el contexto no tiene un efecto
selectivo sobre unas posibilidades que ofrecen los
términos o las oraciones aisladas, sino que realiza
una apertura hacia nuevas posibilidades de combinación y de interpretación de las unidades lingüísticas, mientras el texto conserve su entropía, mientras siga siendo literario.

Las unidades que pueden encontrarse en todos los
niveles se organizan en unidad hacia una lectura
entre otras posibles, y el análisis semiológico trata
de no perder de vista el conjunto, el poema como
totalidad, aunque trabaje sobre unidades parciales.
Los rayos X —si se admite esta comparación que
algunos críticos tradicionales han hecho respecto al
método semiológico— no destruyen el conjunto al
analizarlo, lo dejan intacto para su captación poética, pero intentan ver más allá de la superficie las
razones de la lectura que propone.

Distribución: en el poema pueden identificarse unidades en diferentes niveles y podemos analizar su
distribución en el conjunto y comprobar si todos
ellos responden a esa unidad que suponemos.

La sintaxis semiótica se enfrenta con esta tarea,
ya que su objeto está constituido por las relaciones
de los signos entre sí. Vamos a repasar el poema

4 Vid. J. J. Katz y J. A. Fodor, *La estructura de una teoría
semántica*, Ed. Siglo XXI, México, 1976, pp. 27 y 28.

para determinar la distribución y después haremos el análisis de algunas categorías lingüísticas que, como los artículos, ofrecen en el texto un uso particular.

La materia del poema se distribuye en dos partes claramente diferenciadas desde todos los puntos de vista en que hemos podido considerarlas: métrico, sintáctico, funcional, semántico y semiótico. Esas dos partes se subordinan a una unidad como dos enfoques de un mismo hecho, como dos perspectivas de un único concepto, como dos caras de una misma moneda.

La repetición de esta distribución en todos los niveles produce un efecto acumulativo: el poema insiste en todos sus recursos en presentar al lector un contraste: vida/muerte, bajo un símbolo único.

Desde una consideración *métrica* encontramos dos partes en el poema. Aunque el conjunto es una silva, sus catorce primeros versos (cuatro estrofas) forman unidad en cuanto pueden interpretarse como una variante del soneto: los catorce versos van distribuidos en dos estrofas de a cuatro y dos de a tres. Las estrofas de a cuatro tienen rima de serventesio, por tanto encadenada, e independiente: AbAB, CDCD, con la particularidad de que el segundo verso es heptasílabo. Las estrofas de tres versos tienen rimas comunes, en distribución no paralela: EFE, FGG.

Todas las estrofas de esta primera parte tienen autonomía gramatical: todas terminan en punto y responden a una estructuración muy diversa de la que encontramos en la segunda parte, cuyas cuatro estrofas forman en su conjunto una unidad sintáctica.

La segunda parte tiene también cuatro estrofas, sin formar unidad métrica, de diferente número de versos (oscilan de dos a cuatro), pero encadenadas por rimas comunes: AABC/BCd/DE/FeGH. Se añade una estrofa final de tres versos que recoge las dos rimas que quedarían sueltas: gHG, y viene a rematar el significado del poema, dando sentido simbólico tanto a la primera como a la segunda parte.

En resumen, las cuatro primeras estrofas que gramaticalmente son independientes entre sí, se organizan métricamente como unidad, el soneto; en contraste, las cuatro estrofas que siguen son métricamente independientes, mientras que gramaticalmente tienen un esquema conjunto, único.

El ritmo se caracteriza por la persistencia a lo largo del poema de endecasílabos de acento dominante en sexta. En la primera parte no encontramos excepción a esto, de modo que el heptasílabo, al llevar acento obligado también en sexta, encaja perfectamente en el conjunto. Los endecasílabos llevan algún acento secundario en la segunda o en la tercera sílabas. Destaca el endecasílabo del verso catorce: *urden sus telas grises las arañas*, de tipo enfático, según la clasificación propuesta por Navarro Tomás, porque lleva más acentos (en 4.°, además del de sexto y décima) con lo que pone de relieve los cuatro términos de significación plena: urden / telas / grises / arañas, frente al esquema de los versos anteriores de tres términos y tres acentos:

> será / álamos / cantores
> habitado / pardos / ruiseñores
> ejército / hormigas / hileras
> trepando / él / entrañas

Las cuatro estrofas de la segunda parte, que repiten la expresión *antes que* constituyendo cuatro tiempos repetidos antes de completar el período temporal (es decir, una unidad sintáctica), tienen endecasílabos de ritmo alternante, precisamente en los cuatro que se abren con *antes que:*

antes que te derribe, olmo del Duero: 1.º,   6.º,   10.º

antes que rojo en el hogar, mañana: 1.º, 4.º, 8.º, 10.º

antes que te descuaje un torbellino: 1.º,   6.º,   10.º

antes que el río hasta la mar te empuje: 1.º, 4.º, 8.º, 10.º

Con todo ello consigue el poeta el necesario movimiento rítmico de repetición/ruptura, que constituye la base de la armonía. Por el contrario, los cuatro heptasílabos que hay en el poema hacen un esquema no alternante, sino abrazado, en cuanto a la distribución del ritmo acentual:

> y en su mitad podrido: 4.º, 6.º
>
> al borde del camino: 2.º, 6.º
>
> por valles y barrancas: 2.º, 6.º
>
> mi corazón espera: 4.º, 6.º

La estrofa de cierre lleva un heptasílabo, un endecasílabo de acento en 6.º (uno secundario en 2.º y el estrófico en 10.º), y otro endecasílabo insólito en el poema, de gaita gallega, *o*tro mil*a*gro de *la* prima*ve*ra, con ruptura del esquema fónico lingüístico al acentuar el artículo. No sé si resultará demasiado aventurado interpretar este endecasílabo como signo de desesperanza: la monotonía del ritmo de gaita, frente a lo inesperado del milagro a que alude. En todo caso es una simple sugerencia que no encuentra confirmación objetiva en ningún dato.

Sintácticamente se distinguen también dos partes en el poema y su frontera está señalada en el verso catorce. La primera está formada por enunciados con sujeto en tercera persona y con dos oraciones en cada estrofa:

Primera estrofa:

  algunas hojas verdes han salido a un olmo viejo
  el olmo está podrido y hendido por un rayo

Segunda estrofa:

  el olmo centenario está en la colina
  un musgo amarillento le mancha la corteza

Tercera estrofa:

  el olmo no está habitado por ruiseñores
  los álamos cantores guardan el camino y la ribera

Cuarta estrofa:

  un ejército de hormigas trepa por el olmo
  las arañas urden sus telas en el olmo

En todos estos enunciados *el olmo* es sujeto gramatical o de algún modo sujeto de las referencias, a no ser en la tercera estrofa, que expresa un contraste en la oración *los álamos cantores guardan el camino y la ribera* y una latente en la que sí iría *olmo* como sujeto: *el olmo no guarda el camino y la ribera*, de la misma manera que frente a *el olmo no está habitado por pardos ruiseñores* hay una oración latente: *los álamos cantores están habitados de pardos ruiseñores*.

La segunda parte trae a un primer plano del proceso comunicativo a *olmo*, al identificarlo como un TU, en un diálogo, o monodiálogo, en el que un YO, el poeta, se dirige a un TU, el olmo, que lógicamente no interviene con la palabra, sino con la simple presencia. Las formas de la expresión son las que normalmente adopta el diálogo: pronombres en primera y segunda persona, verbos también en primera o segunda persona, nombres sin artículo (olmo, olmo del Duero). No hay alternancia entre el YO y el TU como en el diálogo, ya que sólo uno de los presentes toma la palabra.

Las recurrencias en las Frases nominales son frecuentes. «En el lenguaje emocional y poético, las representaciones verbales (fonéticas y semánticas) atraen sobre ellas una atención mayor» [5]. Lo mismo ocurre con los esquemas sintácticos. Encontramos, entre otros: Det.+Nombre+Adjetivo:

> el olmo centenario
> un musgo amarillento
> la corteza blanquecina
> los álamos cantores
> sus telas grises

o el esquema Nombre+de+Nombre: melena de campana / lanza de carro / yugo de carreta. O la repetición del esquema sintáctico con la repetición incluso de elementos léxicos: *antes que*, por cuatro veces, para crear un tema de espectación y llegar hasta la estrofa de cierre.

En relación con la estructura sintáctica están las *funciones* de la lengua. Siguiendo la teoría de K. Bühler, ampliada luego por R. Jakobson, distinguimos en el poema una primera parte representativa, informativa: alguien (latente) informa a un lector (latente) sobre el ser y las circunstancias de un olmo, es decir, alguien utiliza el lenguaje en su función representativa; en la segunda parte el lenguaje cumple una función apelativa: un emisor, que se hace presente a través de diversos signos lingüísticos (indicadores pronominales o verbos en primera persona), se dirige mediante el lenguaje a un sujeto, también presente a través de algunos signos lingüísticos (indicadores pronominales y verbos en segunda persona).

[5] Vid. R. JAKOBSON, *Question de poétique*, Ed. du Seuil, París, 1973, p. 14.

La diversa funcionalidad de la primera y la segunda parte del poema conllevan a una diferenciación semiótica.

Semióticamente distinguimos una primera parte con SP (Sujeto Primero del mensaje, o sujeto emisor) latente, es decir, sin rastro alguno en la forma lingüística, y una segunda parte en la que el SP se identifica frecuentemente con el SGr (Sujeto Gramatical), por medio de su índice propio, YO, y se dirige a un SS (Sujeto Segundo de la comunicación), un TU, que no es el lector, sino *el olmo* que en la primera parte era Sujeto Gramatical. Es decir, hay un doble proceso semiótico, que implica relaciones diversas en la primera y segunda parte del poema entre los sujetos de la enunciación y el mensaje.

La relación entre los sujetos del mensaje en una y otra parte es muy diversa, hasta el punto de que implicaría en otros sistemas sémicos una diferencia más sensible que en el sistema lingüístico, en el que puede pasar desapercibida, al menos en una lectura rápida.

Si el mensaje adoptase forma mediante el sistema sémico de imágenes, la expresión de la primera parte se lograría mediante fotografías directas del árbol, haciendo que la cámara recorra la parte exterior con musgo, las partes negras que dan testimonio del rayo, la carcoma interior, las hormigas que lo pueblan, las arañas que trabajan; la cámara puede luego retroceder a planos más amplios y dar testimonio de la soledad del árbol, de la colina, del río que la lame y en contraste, alternando imágenes, o en simple sucesión, planos de las hileras de álamos con vida, con sonido, bordeando el camino y la ribera del río. Indudablemente sería difícil traducir a imágentes el significado connotativo de «urdir», mientras que el denotativo quedaría representado por la acción de tejer. También resultaría difícil traducir a imágenes la oposición que el sistema lingüístico establece entre la pasividad del árbol situado en solitario en una colina que lame el río (la única acción es la del río), y la funcionalidad de los álamos que guardan el camino y la ribera (la pasividad corresponde aquí al río). Es una oposición implícita en la imagen, pero explicitada en signos lingüísticos, y podría ser captada por algún espectador. Sería quizá posible explicitarla de algún modo, por ejemplo, mediante recurrencia de imágenes alternadas del árbol en solitario y de los árboles en hilera, aunque mediante este recurso lo que más se pondría de relieve es la oposición «soledad/grupo» y sólo secundariamente «pasividad/actividad».

La segunda parte del poema es en conjunto imposible de traducir a imágenes directas. La presencia del narrador en superfície exige que las imágenes se presentan como visiones suyas; la cámara y sus movimientos no pueden dar cuenta de todo lo que dice el poema y en la forma en que lo dice. Tendría que apoyarse en el lenguaje de un narrador que explicase que las diferentes imágenes que recogen la desaparición del olmo (cortado por el leñador/arrancado por los elementos naturales) y su conversión en leña (que arderá en el fuego) o en madera (melena de campana, lanza de carro o yugo de carreta) son alternativas futuras, por tanto, no reales y mientras no pasen a la realidad no se excluyen entre sí: como posibles no entran en el tiempo y no hay incompatibilidad entre ellas. El narrador debe aclarar con palabras, ya que no valen las imágenes, sus intenciones, su deseo de anotar en la cartera los hechos y el paralelismo que advierte con su propia vida.

El sistema semiótico lingüístico daría cuenta, como realmente lo hace el poema de Machado, de diversas visiones, de hechos y visiones alternando, de intenciones, de supuestos sobre el futuro; el sistema semiótico de imágenes no puede sino presentar mediante fotografías concretas todo. La expresión de actividades anímicas no está resuelta en el sistema sémico de imágenes tan eficazmente como en el sistema lingüístico, algo se consigue mediante el gesto o mediante los objetos, pero nunca se logra un análisis y una expresión directa a no ser de los estados de ánimo en general. El recurso de desenfocar la imagen, o de fundirla con otra partiendo de un primer plano con el gesto de un sujeto que siente o piensa sobre algo, o evoca el pasado o prevé el futuro (el encuadre temporal se consigue mediante signos visuales), puede suponer irrealidad, pero no irrealidad alternativa. Parece (me parece) que la imagen necesitaría apoyarse en la palabra para aclarar el sentido de las diferentes posibilidades y alternativas.

Si nos atenemos al proceso semiótico en conjunto y no sólo al mensaje formulado, en la primera parte del poema ya está dicho implícitamente que hay un sujeto que toma nota del reverdecimiento del árbol viejo y hay una presuposición sobre el interés que pueda tener en este tema concreto: nadie toma nota de lo que no le interesa. Tanto en la expresión lingüística como en la expresión cinematográfica sería suficiente la primera parte de las dos en que decimos que se divide el poema (o las tomas fotográficas) para expresar todo lo que se dice en el conjunto. Para ello hay que considerar el foco del mensaje (lo que se dice directamente en él) y la presuposición (lo que se desprende del mensaje o es necesario para su comprensión), además de contar, como en todo proceso sémico, con los sujetos del mensaje (emisor y receptor).

El hablante o la cámara no dejan testimonio de sí en el enunciado, pero son necesariamente sujeto de su propia enunciación.

En la segunda parte, además de señalar por medio de signos (lingüísticos, imágenes...) el contenido que sea, el emisor se ha adelantado al plano de la forma y da testimonio de lo que hace y de sus intenciones y de lo que en buena lógica puede esperarse en el futuro respecto del árbol.

Las dos partes, tan diversas semióticamente, constituyen en conjunto una unidad, ya que se trata de dos enfoques de un mismo hecho, y esos enfoques no son dos cualesquiera de una posible serie, más o menos amplia, o abierta. Entre los dos reparten y agotan todas las posibilidades en su orden, ya que están en oposición binaria. Se trata del enfoque objetivo y subjetivo, que no admite más que esa doble posibilidad. Si fuesen dos tonos: irónico, burlesco, por ejemplo, no agotarían todas las posibilidades porque la serie de tonos queda abierta: sarcástico, serio, desengañado... Si a un enfoque objetivo se le añade uno subjetivo, queda cubierto todo el campo, como las dos caras de una misma moneda. Podría repetirse el enfoque subjetivo con variantes, pero siempre se estaría en la misma oposición objetivo/subjetivo.

Semánticamente el poema está construido sobre dos isotopías que se identifican en una unidad semántica de dos términos en oposición binaria, sin término fundante. La oposición «vida/muerte» está en el texto en una misma unidad temporal, no como alternativas o en relación de transformación: vidamuerte. La esperanza en la vida llega hasta la frontera de la muerte.

Las dos isotopías se manifiestan y configuran mediante términos y expresiones que directamente denotan «vida» o «muerte», o que la connotan de alguna manera. La distribución está estudiada, sin duda, y da mayor relieve a la muerte: la primera estrofa se divide entre las dos; la segunda desarrolla la isotopía «muerte»; la tercera, la isotopía «vida»; la cuarta, «muerte». Esto en la primera parte. Hay, pues, un predominio incluso cuántico de «muerte». Lo mismo ocurrirá, con otra distribución y otras figuraciones, en la segunda parte.

La primera estrofa incluye tres expresiones (términos o sintagmas nominales) que denotan «muerte» y tres que denotan «vida», y que en su conjunto recorren de un extremo a otro: olmo viejo/hojas verdes (conjunto/detalle):

olmo viejo	lluvias de abril
podrido	sol de mayo
hendido por el rayo	hojas verdes

La segunda estrofa dedica sus cuatro versos a la isotopía «muerte» con términos que denotan el paso del tiempo (centenario), o connotan ruina (efecto del paso del tiempo): musgo amarillento, mancha, corteza blanquecina, carcomido, polvoriento.

La tercera estrofa vuelve a la isotopía «vida» con términos que denotan actividad, o de algún modo la implican: álamos cantores, guardan, ruiseñores, camino, ribera.

La última estrofa vuelve en ese juego alternativo a la isotopía «muerte»: ejército de hormigas trepa por el árbol, las arañas urden telas grises en él. No son términos que expresen directamente «muerte», pero en relación a un cuerpo vivo, la imagen de los bichos que se apoderan de él para destruirlo es inmediata: basta comparar el efecto que pueden conseguir los ruiseñores en los álamos del camino, frente al que hacen las arañas, las hormigas en el árbol podrido.

Domina, pues, cuánticamente, la isotopía «muerte» (final, ruina) frente a la isotopía «vida» (renuevo, hojas), como domina figurativamente «olmo» frente a «hojas».

El valor descriptivo de la figuración de la muerte y de la vida, de la pasividad frente a la actividad (olmo viejo invadido de bichos/álamos cantores que guardan el camino y la ribera) se apoya en términos que sugieren imágenes de vida y de muerte en el lector, desde los mismos colores (amarillento, blanquecina, grises/verdes, pardos), desde los mismos animales (hormigas y arañas/ruiseñores)...

La segunda parte, presentada como previsión de un futuro no lejano, desarrolla varias alternativas posibles como final del árbol: será cortado por los hombres, o será arrancado por los elementos naturales; será quemado, o servirá para hacer algo útil: melena de campana, lanza o yugo; será arrastrado hacia la mar por valles y barrancas. De cualquier modo el árbol, vivo aún en la primera parte, reverdecido mínimamente, está abocado a un fin próximo: no tiene escape. Puede variar la forma, puede ser uno u otro el destino, pero el final es inexorable. La muerte que se presentaba con esperanza de vida en la primera parte domina las cuatro últimas estrofas. La isotopía «muerte» es general en esta segunda parte.

El anuncio del poeta de anotar en su cartera lo que ve; el paralelismo que observa entre el árbol y su vida, harán que el olmo del Duero entre en otra vida, la literaria, la simbólica. Y es una forma de vida a salvo de ruinas inmediatas, de finales desastrosos: mientras siga siendo válida la poesía de Machado, el olmo del Duero seguirá mostrando la gracia de sus ramas verdes como símbolo de la vida ante la muerte que va apoderándose de lo vivo.

Por eso en el poema puede dominar la idea explícita de «muerte». En la primera parte el contraste entre la vida y la muerte insistía sobre todo en ésta; en la segunda hay un dominio total de la muerte, pero como remate, la estrofa final que convierte el olmo en un símbolo lleva a una presuposición que da sentido al poema: frente a la vida y a la muerte física del olmo, la vida que adquiere como símbolo de esperanza persistirá en el tiempo.

La distribución del contenido semántico contribuye recurrentemente en el poema a conseguir la unidad en contrapunto la primera y la segunda parte.

Si en la distribución sintáctica habíamos constatado una secuencia de oraciones dobles en las estrofas de la primera parte, frente a un conjunto único en la segunda parte, tal distribución se repite en el nivel semántico.

La unidad de la primera parte se basa fundamentalmente en el tema único: el olmo es el centro de todas las referencias, lo demás es descripción de sus partes o simplemente contraste con él. El tema queda «descriptivamente» agotado. La segunda parte vuelve sobre el mismo tema, pero se ve en la necesidad de adoptar otra perspectiva. Por ello, la primera parte es una descripción objetiva, mientras que la segunda informa al lector de la disposición del autor ante el hecho.

Los motivos parciales de la primera parte: el olmo reverdecido, las causas (lluvias de abril, sol de mayo), la situación (en una colina), todos van *enfilados* libremente a gusto del poeta en un conjunto. No cabe duda de que podrían haber tomado otra distribución, incluso que podían ser otros, o más (tamaño

del árbol, cubierto o no de yedra, sombra que proyecta, pastor y rebaños que la aprovechan, etc.).
Nada de esto se incluye en el poema, sencillamente
porque el poeta ha usado su libertad para seleccionar y para distribuir en secuencia coordinada, yuxtapuesta, en contraste, etc., los motivos que le gusten
dentro de los límites que le señala el tema del título,
elegido también libremente por él.

En ningún caso la descripción objetiva tiene exigencias lógicas más allá de las impuestas por el propio objeto.

La segunda parte, más coherente desde el punto
de vista de las relaciones sintácticas, es también semánticamente más «previsible». En una única construcción sintáctica ofrece varias alternativas: se trata de un período temporal en dos partes que sigue
el modelo «antes de esto, esto otro» y que en el poema se inviste de unos significados referidos al árbol:
antes que desaparezcas, olmo, anotaré que has flo-
recido. Sobre esa construcción sintáctica única se
ofrecen recurrentemente varias alternativas de desaparición: que lo derriben y lo quemen o lo aprove-
chen; que lo arranquen y lo empujen hacia el mar.
Es decir, que el hombre o los elementos naturales
lo tiren. Cada una de esas posibles alternativas se
abre a otras varias: que arda en un hogar; que hagan de él una melena de campaña, una lanza de
carro o un yugo de carreta; que sea el torbellino
quien lo derribe, o que sea el soplo de las sierras
blancas.

Si la primera parte seguía una técnica de «enfila-
ge» de motivos, la segunda sigue una técnica de abanico que da unidad desde el principio a todas las
posibilidades que se vayan enumerando.

Vuelve a repetirse lo que ya hemos visto antes: a
la unidad métrica de los 14 primeros versos corresponden una suma de motivos sucesivos; a la suce-

sión de estrofas en serie abierta de la segunda parte
corresponde una unidad sintáctica y semántica.

La unidad del poema está señalada gráficamente
por los límites materiales que ha fijado el autor
(30 versos) y por los límites que señala la unidad
sintáctica, semántica y pragmática del mensaje, en
dos partes. Una objetiva, enunciativa, acumulativa,
de valor referencial, una variante de un soneto; otra
subjetiva, apelativa, serie estrófica abierta, construcción en abanico. Y, por último, un resumen final
que cierra armónicamente las dos partes en unidad.

La unidad del poema no se apoya solamente en
los recursos de distribución que hemos analizado,
hay otros muchos, y entre ellos vamos a señalar uno
que tiene mucha eficacia en este poema; me refiero
al especial uso que hace del artículo determinado.

El título presenta el tema perfilando una unidad
semántica de la que queda excluido todo lo que no
se refiera a un «olmo viejo». El lector va a interpretar automáticamente todas las referencias que el
texto no haga explícitas, en relación al tema que
ha propuesto el título. La palabra «olmo» tiene un
trato de privilegio por ser el título: todas las oraciones que no lleven sujeto explícito tendrán como
sujeto a «olmo»; las que no lleven objeto tendrán
como término latente «olmo». Por ejemplo, *hendido*
y *podrido*, como formas verbales, tienen como sujeto «olmo», y lo mismo la frase *no será habitado de*
pardos ruiseñores; en *un musgo amarillento le man-*
cha la corteza al tronco el lector sabe que es el
tronco del «olmo». Todos los elementos pronominales señaladores y relacionantes que no tengan un
referente inmediato en el texto se remiten también
a «olmo»: *sus entrañas* (del olmo), *trepando por él*
(por el olmo), *te descuaje* (a ti, olmo), etc. De este
modo el título actúa como un verdadero catalizador
de la unidad de sentido.

El tema aparece en el título con un artículo indeterminado, presentador, y un adjetivo calificativo
que señala y restringe la extensión del sustantivo:
un olmo *viejo*. La función que desempeña en esta
primera presentación el artículo indeterminado respecto al tema y al término «olmo» permite usar en
el resto del poema con toda propiedad, y para ac-
tualizar denotativamente a «olmo», el artículo determinado (en el lenguaje enunciativo de la primera
parte: *el olmo viejo, el olmo centenario)*, o el artículo grado cero (en el lenguaje apelativo de la segunda parte: olmo, olmo del Duero).

Pero además hay en el poema muchos otros términos que aparecen con artículo determinado sin
que sea posible remitirlos a una presentación anterior, en el título o en otra parte del conjunto en
que está situado el poema. El uso de ese artículo
se explica en algunos casos porque va acompañando
a sustantivos que están ya determinados en el sistema de lengua, es decir, que en sí mismos como
unidades del lexicon son «única», o se pueden tomar
como tales en el texto por las determinaciones que
los acompañan: *el rayo* (no sorprendería *un rayo)*,
las lluvias de abril, el sol de mayo, la vida, la luz.
Otros términos van con artículo determinado porque
están referidos directamente a «olmo», en cuyo caso
el artículo es permutable por el posesivo, sin que
cambie la denotación o la extensión del nombre al
que acompañan: *la corteza, el tronco* (del olmo)=
su corteza, *su* tronco...

Hasta ahora no podemos afirmar que se hace un
uso específico en el poema de los artículos determinados, puesto que la norma que rige su uso es
la misma que cumple el lenguaje en general. Nos
referimos al uso del artículo determinado en otros
sintagmas del poema, como:

la colina que lame el Duero
los álamos cantores
el camino y la ribera
el soplo de las sierras blancas
el borde del camino
el leñador, el carpintero
la primavera...

Puesto que no hay presentación anterior, el contexto en que se justificarían esos artículos no pertenece al poema y no puede ser otro que la situación exterior, denotada por el lenguaje. Para comprender el texto es necesaria una presuposición compartida por autor y lector: hay una colina, unos álamos, un camino, una ribera... que referencialmente identifican autor y lector porque comparten su conocimiento.

Conviene precisar que no afirmamos que el poema implique como lector adecuado aquel que conozca efectivamente el paisaje concreto a que se refiere el texto. Sabido es que en el lenguaje poético no es pertinente la referencia. El paisaje puede ser tomado de la realidad o ser de ficción a pesar de que se ofrezcan datos concretos, por ejemplo *colina que lame el Duero*. Lo que sí afirmamos es que el texto describe esos hechos del paisaje y los presenta *como si* los conociera el lector, creando así una *situación compartida*, muy propicia para la función poética.

De la misma manera que el relato incluye a veces personajes ó fechas históricas que sirven de «marco realista» y de referencia identificable para el lector, el poema lírico, en el que resultaría difícil introducir datos históricos temporales que encuadren la acción como índice sémico de realidad, utiliza con verosimilitud encuadramientos espaciales realistas *(colina junto al Duero, olmo del Duero)*, para situar al lector en un plano de realidades y dar mayor eficacia al símbolo por contraste.

A esa sensación de realidad, a esa creación de su propia realidad, contribuye el poema con el uso que hace de los artículos determinados que implican una situación compartida. El autor habla como si el lector anduviese habitualmente por el paisaje en el que están la colina, el olmo, las sierras blancas, el camino, la ribera...

El uso del artículo determinado y la generalización que implica sugiere un acercamiento, no sólo del autor al lector, sino además del ambiente al lector. Se supone que el lector tiene conocimiento y sentimiento de ese paisaje y de los hombres que lo habitan: el leñador, el carpintero que hace melenas de campanas, lanzas de carro, yugos de carretas.

Solamente encontramos en el poema dos artículos indeterminados: *un musgo amarillento, un torbellino*. Todos los demás determinantes son no-presentativos. Puede observarse, al conmutar en el sintagma los artículos: un musgo/el musgo; un torbellino/el torbellino, que el indeterminado presenta al nombre, mientras que el indeterminado implica un conocimiento anterior, textual si ha aparecido ya en el texto (un olmo... el olmo), o situacional si no ha sido utilizado el nombre en el texto anteriormente y remite a una situación exterior: el soplo de las sierras blancas es el soplo habitual, conocido; un soplo de las sierras es uno de improviso, desconocido.

Los demás determinantes son posesivos: *sus entrañas, sus telas grises, su hacha, mi cartera, mi corazón, tu rama...* que remiten a un sujeto ya citado: el árbol, las arañas, el leñador, el poeta, dando coherencia o cerrando el círculo de referencias.

Todo en el poema transcurre entre un YO confidente y un TU que escucha las observaciones que se van haciendo sobre un paisaje conocido. El tono confidencial se subraya mediante la modestia de las esperanzas y de los símbolos que no se salen de lo cotidiano, de las cosas que a diario se ven en el paseo. No hay exotismo, no puede haber sorpresas, todo es compartido. Los artículos determinados advierten al lector que los sustantivos a los que acompañan son ya conocidos, representan a otros sustantivos ya citados o a cosas que están a la vista todos los días.

VIII. PROCEDIMIENTOS DE UNIFICACIÓN EN *MUERTE A LO LEJOS* [1]

ISOTOPÍA ÚNICA

Hay en *Cántico* un soneto, «Muerte a lo lejos», que resulta una fuente inagotable para el análisis crítico.

> Alguna vez me angustia una certeza
> Y ante mí se estremece mi futuro,
> Acechándole está de pronto un muro
> Del arrabal final en que tropieza
> La luz del campo. ¿Mas habrá tristeza
> Si la desnuda el sol? No, no hay apuro
> Todavía. Lo urgente es el maduro
> Fruto. La mano ya le descorteza.
> ... Y un día entre los días el más triste
> Será. Tenderse deberá la mano
> Sin afán. Y acatando el inminente
> Poder diré sin lágrimas: embiste
> Justa fatalidad. El muro cano
> Va a imponerme su ley, no su accidente.

En otras ocasiones hemos advertido la perfección con que organiza las relaciones gramaticales; hemos analizado las normas de selección que explican su

[1] Publicado en *Homenaje a J. Guillén*, Wellesley College, Massachussetts, 1978.

lenguaje y hemos estudiado la estructura de sus
campos semánticos[2]. Ahora queremos volver sobre
él para analizar algunos de los recursos con los que
alcanza su coherencia y su unidad semánticas.

Los motivos de la «trama» se articulan en forma
encadenada, por deducción o por contraposición, en
torno a un tema único que se constituye en la isotopía más general del poema, la muerte. No se trata,
sin embargo, de la muerte considerada en sí misma,
sino del temor del que vive y su actitud ante la
muerte, es decir, el tema es el sentimiento de la
muerte, la muerte desde una subjetividad, la del
poeta.

Este tema se desenvuelve en dos partes, traduci-
das lingüísticamente en distribuciones binarias en
todos los niveles de la expresión. El poeta sabe, y
así lo dice expresamente en los tercetos, que el futuro inexorable y fatal traerá la muerte. Desde ese
conocimiento no merece la pena intentar nada, ya
que cualquier actitud que no fuese la de una aceptación total sería inútil. Pero sí cabe una liberación
del tiempo presente, y esto es lo que intenta el poeta
en el razonamiento que informa los cuartetos; el eje
de separación entre una y otra parte lo señala, como
tantas veces en esta estrofa, el paso de los cuartetos
a los tercetos: los cuartetos exponen el temor que
siente el poeta y razonan sobre el presente; los tercetos expresan la actitud que el poeta ha decidido
adoptar en el futuro, cuando llegue la muerte.

Descartada toda posibilidad de acción para evitar
un futuro que se sabe inexorable, y rechazada cualquier reflexión que no sea la de una aceptación es-
toica (diré sin lágrimas), el poeta repasa en los
cuartetos la situación presente de angustia y temor

[2] Vid. *Gramática de «Cántico»*, Cupsa Editorial, Madrid,
1975.

(alguna vez me angustia una certeza y ante mí se estremece mi futuro) en busca de esa liberación del tiempo presente, del tiempo de vida. Si la muerte es inevitable y se hace preciso aceptarla con o sin lágrimas cuando llegue, en cambio, sobre la vida, y mientras dure, es posible la acción de la voluntad: el poeta decide que no es urgente pensar en la muerte, angustiarse, sino que resulta más urgente pensar en el fruto maduro, en la obra.

Los cuartetos incluyen verbos en presente y usan un lenguaje constativo de una situación y de un razonamiento; por el contrario, en los tercetos aparecen verbos en futuro o perífrasis de un claro valor obligatorio (un día... *será; tenderse deberá* la mano; *diré* sin lágrimas; el muro cano *va a imponerme* su ley...), de modo que los signos lingüísticos, desde su valor de unidades morfológicas, sin acudir a su sentido, dan testimonio de presente o de futuro, de discurso o de imposición fatal.

A pesar de esas dos partes que, insistimos, están claramente diferenciadas en el poema desde el nivel gramatical al semántico, el soneto mantiene una coherencia y una unidad totales.

La unidad se consigue mediante una contraposición que enfrenta «muerte/vida» como partes positiva y negativa de un mismo campo semántico, que carece en castellano de término fundante.

La oposición no se plantea en forma directa, pues los términos propios de las dos zonas del campo, «muerte», «vida», permanecen latentes y su manifestación se consigue mediante indicios lingüísticos en contrapunto temporal (presente/futuro), de acción (mano activa/mano sin afán), o de actitud (alegría/ tristeza), espacial (luz del campo/arrabal), etc.

La coherencia semántica, en este caso la unidad semántica, no procede de la organización sintagmática, sino de las recurrencias sémicas establecidas

por esos indicios siempre en oposición binaria y
siempre en relación a la oposición general «muerte/
vida», que actúa de isotopía única, por tanto.

El poema no depende en su unidad y coherencia
de una construcción sintáctica cerrada, como podría
ser una unidad «más allá de la oración» formada,
por ejemplo, por una afirmación y un matiz expre-
sado por medio de una oración adversativa (la muerte acecha, pero no me preocupa de momento); o una
condición y su condicionado (si vivo con temor en
el presente, no podré trabajar); o la expresión de
un hecho y su causa (trabajaré deprisa porque vendrá la muerte); o un mandato al que se añade su
justificación (no temas a la muerte, porque vendrá
igualmente), etc., o cualquier otro contenido para el
que la sintaxis dispone de esquemas en unidad «más
allá de la oración».

Insistimos en que «Muerte a los lejos» no depende para su unidad de la construcción sintáctica, aunque se apoye también en ella (como veremos en el
uso que hace de los artículos *un, el*), sino de una
isotopía continuada que se manifiesta por medio de
oposiciones binarias, encadenadas entre sí, y que
ponen de relieve aspectos parciales de la oposición
fundamental y única.

Entendemos, siguiendo a A. J. Greimas, que isotopía es un haz de categorías semánticas redundantes
que el discurso implica, y que cabe explicitar mediante un análisis del texto[3]. Una vez captada la
isotopía más general, la lectura e interpretación de
las unidades del poema se orienta en el sentido que
aquella impone, independientemente de la forma sintáctica en que se expresen, e incluso independientemente de los lexemas concretos que les den forma

---

[3] Vid. A. J. GREIMAS, *Du sens. Essais sémiotiques*, Ed. du
Seuil, París, 1970 (nota de la p. 10).

lingüística. El contenido de la isotopía es el argumento que pone en una relación de subordinación a las distintas expresiones del conjunto, aunque sintácticamente se organicen en forma paratáctica.

Ya hemos advertido que la isotopía general es «muerte», en oposición a «vida», y que se manifiesta en varias oposiciones parciales. La primera puede ser «presente/futuro», en la que el primer término equivale a «vida» y el segundo a «muerte». El encadenamiento de motivos se inicia así y sigue mediante analogías que va descubriendo el poeta.

En un lenguaje metafórico, el tiempo se transforma en espacio, y la muerte, como final del tiempo, se expresa por medio de un término ajeno en principio al contexto de la isotopía, es un *muro*, que impide seguir y que pone límite al espacio (el lexema «muro» no indica propiamente espacio, pero es «término de espacio»), de la misma manera que impide el paso a *la luz del campo* y pone límites al *arrabal final*.

Las metáforas espaciales suelen ser muy eficaces, quizá por su fácil representación imaginativa. El significante metafórico es el término espacial y el significado sustituido puede ser cualquiera, prácticamente son universales. En «Muerte a lo lejos» el proceso se concreta en la sustitución del significado «muerte» por el significante *muro*. De esta sustitución derivan una serie de fenómenos que ponen de manifiesto la eficacia del procedimiento metafórico, situándolo muy lejos de esa sencilla explicación de que la metáfora es la sustitución de un término por otro.

Muro, como simbolizante del contenido «muerte», ofrece al lector una denotación válida sólo en ese uso (muerte), y unas connotaciones que proceden de todo lo que puede superponer de su propio significado: «límite de espacio», «dureza», «impotencia ante él», «desconocimiento de lo que hay al otro lado», «proyección de oscuridad o sombra», etc. Por ello resulta imposible sustituir en el verso *muro* por *muerte* sin cambiar todo el sentido. *Muro* no sólo nos dice lo mismo que muerte (valor denotativo en el poema), sino que nos informa sobre el modo en que el autor ve la muerte: el pensamiento de la muerte angustia al poeta como un muro que le cerrara el paso. Y no sólo implica una visión[4] de la muerte, sino que también es expresión de una actitud emotiva y de una valoración. La metáfora indica todo esto por sí misma, pero en este uso concreto el sentido negativo procede además del contexto inmediato en que está situada, con verbos como *angustiar, estremecer, acechar*, que alejan a *muro* de lo que sería su contexto habitual, con verbos como *construir, levantar, tropezar con*, etc.

Por otra parte, ambos lexemas o conceptos, «muro», «muerte», arrastran tanto en su interpretación como términos propios con contenido reconocido en el diccionario, como en su valor de símbolos, con contenido válido en el poema, una serie de metáforas y atribuciones que se contraponen continuadamente a lo largo de los 14 versos del soneto, como fases o aspectos de un sentido conjunto y único.

El simbolizante *muro* se convierte a su vez en simbolizado y genera nuevos significados haciéndose polivalente, aunque siempre en orden a la isotopía general: detiene la luz del campo, es el fin de la vida, es el fin del trabajo, comporta tristeza, es signo de la impotencia y del desconocimiento del hombre sobre la muerte y lo que hay al otro lado, etc.

---

4 Vid. G. GENETTE, *Figuras. Retórica y estructuralismo*, Ed. Nagelkop, Córdoba (Argentina), 1970. Al estudiar el sentido de la metáfora en Proust, insiste GENETTE en su interpretación como «visión» (p. 45)

Los términos van sucediéndose encadenadamente: un muro en que tropieza la luz del campo es la expresión que connota «final», pero a la vez, y por medio del lexema *luz*, se origina una interrogación en la que ya se presenta luz transformada en sol: *¿Habrá tristeza si la desnuda el sol?* La articulación, el encadenamiento, descansa ahora sobre la relación semántica de identidad que se establece entre los términos *luz=sol*. Ambos implican «alegría»; aunque no se use expresamente este término, sí se contrapone al término negativo de su campo semántico «tristeza». La conexión se hace más fuerte con el término latente «alegría», opuesto a «tristeza» a través de *luz* y *sol*.

La interrogación podría haberse formulado retóricamente, pero queda contestada en la frase que sigue, con lo que el encadenamiento es sintáctico: a la relación de cohesión y de unidad que se establece mediante la identidad semántica, viene a sumarse la unidad que procede de la relación sintáctica «pregunta-respuesta».

El proceso se hace aún más complejo: a la pregunta sobre la posibilidad de la tristeza contestaría suficientemente un «sí» o un «no». Sin embargo, se contesta mediante una relación negativa con «apuro», que únicamente puede entenderse si se admite una «presuposición» al texto. Está sobrentendida la equivalencia alegría=trabajo o tristeza=falta de trabajo en la contestación *No, no hay apuro todavía*. Si no se admite como presuposición esa equivalencia, resulta un sin-sentido: *no hay apuro todavía. Lo urgente es el maduro fruto*.

Vuelve el discurso a un encadenamiento basado esta vez en los lexemas, casi sinónimos, *apuro-urgente*, que hace más explícita la presuposición anterior y da paso a la frase siguiente al referirse al fruto maduro y a la mano que lo descorteza.

La angustia, el estremecimiento, el temor al muro, etcétera, van sustituyéndose por la falta de apuro, por el fruto que se ofrece maduro a la mano. El tiempo presente no es sólo tiempo de vida, que desemboca en la muerte, es también tiempo de luz, de sol, de alegría, de trabajo, de creación, de frutos ofrecidos y descortezados. La liberación del tiempo presente es cuestión de voluntad: a la angustia involuntaria del comienzo y al poder inminente del final del soneto, se opone la urgencia por la obra.

La unidad del poema basada en la contraposición vivencial «vida/muerte» se analiza en isotopías parciales, de tipo temporal «presente/futuro», de tipo fenoménico «campo/arrabal», de actitud subjetiva «trabajo (alegría)/tristeza».

La isotopía «muerte» logra la unidad del poema al dar sentido a todas las oposiciones que aparecen en él, y a los lexemas que las expresan o que permanecen latentes. Términos como futuro, certeza, angustiar, estremecer, acechar, muro, arrabal, final, luz, campo, mano, etc., que pertenecen a campos semánticos muy diversos y que pueden formar parte de contextos muy variados, se organizan, por relación a la isotopía «muerte/vida» en dos campos, negativo y positivo respectivamente: *certeza, futuro, muro, arrabal, el día más triste, la mano sin afán*, connotan «muerte», mientras que *luz, campo, sol, mano activa, fruto maduro*, etc. connotan «vida». Términos que no son opuestos entre sí por su significado léxico llegan a oponerse a través del sentido que adquieren en un texto literario.

El soneto no incluye en ningún momento el término propio de la isotopía, a no ser en el título «*Muerte a lo lejos*», pero son, como acabamos de verificar, muchos los términos que connotan muerte. Es interesante advertir, sin embargo, que todas las connotaciones proceden exclusivamente del sentido que les da el poema, ya que no tienen en absoluto valor social, es decir, no están incorporadas, ni siquiera como sentidos figurados, a los lexemas como unidades del sistema lingüístico castellano. Ni muro, ni arrabal, ni certeza, etc., tienen connotación alguna que los aproxime a muerte. El lector quizá puede encontrar esporádicamente alguna connotación literaria *(el muro de mi dolor*, dice Blas de Otero), o de frase hecha (nada más cierto que la muerte), o quizá algún sema común (arrabal=final del pueblo; muerte=final de la vida), pero es suficiente el contexto literario inmediato para interpretar a todos esos términos en el campo de la «muerte» y para ordenarlos hacia esa lectura que proponemos en nuestra interpretación.

Partiendo del término *muro*, metáfora inicial, todas las modificaciones y determinaciones que se hacen en el texto van sumándose en progresiva intensificación hasta llegar al final del soneto donde se repite la palabra. La experiencia del lector sobre el término va configurando su sentido en el texto.

Cuando aparece la primera vez lleva un artículo indeterminado: *un muro;* cuando al final aparece como *el muro cano*, a las correspondencias iniciales *muro=muerte* (válidas para el texto) se añaden los valores significativos de otros términos que en el soneto se refieren en un plano real o simbólico a *muro*. El muro final es un muro con todo lo que se ha dicho de él hasta entonces: *muro+determinaciones y expansiones anteriores*. La pequeña familiaridad que supone para el lector su primer encuentro con el término, la acumulación de rasgos y circunstancias referidos directa o indirectamente a él, consigue para esa expresión final, *el muro cano*, el sentido preciso que alcanza en el poema.

La realidad de esta potenciación del significado podemos verificarla. Si en la primera referencia se sustituye *muro* por su término simbolizado «muerte», no se explicaría *el muro* final, y mucho menos *el muro cano* como sujeto del verbo *imponer*. Tampoco se explicaría satisfactoriamente toda la larga serie de adjetivos, verbos y enunciados que se encadenan a lo largo del poema:

> Alguna vez me angustia una certeza
> Y ante mí se estremece mi futuro
> Acechándole está de pronto *la muerte...*

aparte de las alteraciones métricas que implicaría esta sustitución, dejaría de tener sentido lo que sigue:

> Del arrabal final en que tropieza
> La luz del campo.

Ni *arrabal*, ni *tropezar*, ni *luz*, ni *campo*, términos de definición ostensiva, adquirirían sentido referido directamente a muerte. Sin embargo, lo tienen plenamente si la referencia al mismo contenido se hace a través del simbolizante *muro*.

Tampoco alcanzaría sentido el *muro* que aparece al final. Entre el primero y el último se sitúa una cadena de metáforas cuyo valor y sentido se explica si se mantiene la referencia indirecta a *muerte* a través del lexema *muro*. Al final el término es ya conocido por el lector y no se sorprende ante frase tan sorprendente como *el muro cano va a imponerme su ley*.

Sin embargo, en esta frase la sustitución de *muro* por *muerte* ya sería posible: «*la muerte* va a imponerme su ley» resulta una expresión propia, aunque, por supuesto, no tan eficaz como la que usa el poeta, porque muro ya no significa sólo muerte, sino todo lo que hasta ahora se ha ido diciendo: final de la obra, final del tiempo, final del campo, de la luz, de todo. El término *muro*, además de sustituir a muerte, actualiza ante el lector un contenido mucho más amplio y sintetiza la visión que el poeta ha ido exponiendo en todo el texto.

La unidad del poema se apoya en todas estas contraposiciones semánticas y en todas las intensificaciones procedentes de las relaciones sintácticas, porque todas tienen una referencia única y el lector las interpreta subordinándolas a ella: *muerte*.

IMAGEN RECÍPROCA

Uno de los recursos más eficaces para conseguir la unidad del poema es, sin duda, la imagen recíproca. Supone dos términos cuyas notas de significación y relaciones, tanto semánticas como sintácticas, pueden intercambiarse. «Muerte a lo lejos» es una imagen recíproca continuada entre los términos *muerte* y *muro*.

La isotopía general del poema «muerte» se manifiesta, como ya hemos dicho, por medio del simbolizante *muro*, que no sólo mantiene su valor denotativo, sino que acumula connotaciones procedentes de su simbolizado, o, si se prefiere, tiene en el poema una denotación «muerte» y se incrementa connotativamente con los rasgos que puede tomar de su propio significado. No hay inconveniente, para explicar los efectos de la imagen recíproca, en admitir como válidas ambas posibilidades de interpretación [5].

[5] Dice U. Eco que la obra literaria genera su propio código y convierte sus denotaciones en connotaciones. *La estructura ausente*, Ed. Lumen, Barcelona, 1970, p. 167. En «Muerte a lo lejos» puede verificarse esta afirmación.

Muro arrastra metáforas en su valor como término real y en su valor simbólico. En el soneto van
sucediéndose términos que se relacionan con *muro*
como unidad de significado válida en el léxico castellano, y otros que le corresponden sólo como término simbólico de muerte.

Ya hemos comprobado que todas las expresiones
del soneto alcanzan su sentido por referencia a la
isotopía general «muerte», como elementos positi-
vos o negativos del campo semántico. Vamos a comprobar ahora cómo hay además una organización
de reciprocidad entre los valores del campo real y
los del campo simbólico, en la que descansa una
cohesión y una unidad que se suma a la unidad temática.

La reciprocidad en la imagen consiste en que si
al principio la muerte se presenta metafóricamente
como un muro, en los últimos versos el muro se
presenta y actúa como muerte. La interacción es tal
que se llega a una identificación de contenido y de
relaciones.

Una vez establecida la relación metafórica entre
dos elementos A y B (muro=muerte), la descripción
de A puede realizarse en términos de B, como ocurre
en la metáfora normal, pero si además B puede des-
cribirse en términos de A, se trata de una imagen
o metáfora recíproca.

«Muerte a lo lejos» se estructura precisamente
como una metáfora recíproca continuada, por lo que
pueden identificarse dos situaciones bien diferenciadas que corresponden aproximadamente a las dos
partes que ya hemos advertido en la temática del
poema:

a) la muerte se sustituye por muro y se le atribuyen las notas propias de este lexema: el final del
tiempo (propio de «muerte») se expresa como final

del espacio (propio de «muro»); el final de la vida («muerte») se describe como el arrabal final en que tropieza la luz del campo (propio de «muro»); la vida (opuesto a «muerte») se identifica con la luz del campo que tropieza en el muro...

b) el muro adquiere las posibilidades de relación de «muerte» y figura como sujeto de un verbo que no responde a sus propias exigencias semánticas, *imponer,* pero se explica perfectamente como referido a muerte: la muerte impone su ley→el muro impone su ley.

Es una imagen recíproca del mismo tipo de las que con frecuencia encontramos en el estilo de Proust: se cruzan dos isotopías para conseguir en la imagen asociada una isotopía más general que las reúna [6].

La interacción de las dos isotopías (una del plano real, otra del plano simbólico) determina favorablemente el sentido único de la obra, pues obliga al lector a hacer co-presentes todas las partes del poema en el momento final.

Los rasgos que se atribuyen a *muro* en su dimensión real o simbólica, y las notas que se atribuyen a *muerte,* en forma directa o por medio de su simbolizante, van sucediéndose alternadamente: la muerte es una certeza, sensible como un muro; el tiempo de la vida se hace sensible en el espacio que limita el muro. Y finalmente el muro impone leyes, como la muerte.

Los dos términos van potenciándose semánticamente al intercambiar sus respectivas denotaciones y sus valores connotativos, sobre los que basan nue-

6 Vid. M. Le Guern, *La metáfora y la metonimia,* Ed. Cátedra, Madrid, 1976 (p. 68).

vas contraposiciones, incluso entre términos expresos y latentes: *tristeza/(alegría); apuro/(calma); fruto maduro/(tiempo perdido por el temor)...* El elemento de la derecha en todas estas contraposiciones no se expresa directamente, pero es necesario como presuposición para que el mensaje pueda ser entendido y, por ello, lo consideramos como término latente.

El que algunos términos permanezcan en estado de latencia en el texto contribuye a dar ambigüedad al poema (entendiendo ambigüedad en el sentido que le da Empson), pues el lector se sitúa en el campo semántico del término que le ofrece el poema y debe elegir el opuesto entre los que considere más conveniente, más significante, más poético o más eficaz, en una palabra, dentro de los límites de la oposición de que forma parte. Incluso puede pensar en más de uno y conseguir una oposición en abanico: apuro/calma, tranquilidad, descanso, etc.

A esta riqueza sémica contribuyen las imágenes, su interacción, las oposiciones establecidas entre términos expresos o latentes, y todos los elementos, aun los mínimamente significantes del soneto, como pueden ser los artículos, los adverbios de tiempo *(ya, todavía...)*, que cobran su pleno sentido por referencia a la isotopía general y en esa interacción entre el plano de la realidad y el plano del símbolo.

Las imágenes encadenadas forman una serie: muro *con luz→sol* que evita la *tristeza→*no hay *apuro→* lo *urgente* es el *fruto→*la *mano* ya lo alcanza. Al llegar a este punto, la última imagen sirve de nexo entre la primera y la segunda parte del soneto y constituye el eje de la interacción del plano simbólico y el plano real: la mano activa se contrapone a la mano tendida sin afán, signo icónico de la muerte.

La imagen muerte=muro (la muerte es como un muro) persiste hasta el final de los cuartetos, en sucesivas metáforas que llevan hasta mano activa, nexo (insistimos) con la segunda parte. La imagen se hace recíproca y será muro el que se transforme, por medio de los atributos que se dicen, en muerte.

Si en la primera parte *muro* arrastra imágenes basadas en su aspecto real, sensible, en la segunda parte persiste como símbolo de muerte, pero con las atribuciones que pertenecen a muerte como término del léxico castellano: el muro es fatal, justo, impone su ley. El carácter recíproco de la imagen explica la valencia en ambos sentidos.

Mientras dura la equivalencia imaginativa *muerte=muro*, es decir, en la primera parte del soneto, las metáforas están en razón del elemento sustituyente, y cuenta el espacio, el sol, la luz, en su valor real, al que se añade además un valor simbólico por su referencia indirecta a muerte.

La imagen empieza a dar la vuelta a partir de la oposición «sol/tristeza» (*¿habrá tristeza si la desnuda el sol?*), en la que un término de referencia «real» (sol) se contrapone a un término de referencia «subjetiva» (tristeza) y la imagen se invierte: al muro dejan de atribuírsele rasgos de la realidad denotada y se sustituyen por rasgos de la realidad connotada, simbolizada.

Frente a la serie *muro: arrabal, luz, campo, sol,* se opone la serie *muro: fatal, justo, poder, ley, accidente.* Y frente a la serie *muerte: como un muro, en el arrabal final, límite de la luz, del campo, del sol,* se contrapone inmediatamente la serie *muerte: justa, fatal, que impone ley.* Puede observarse que lo que en la primera oposición corresponde «realmente» a muro, sólo «simbólicamente» se puede atribuir a «muerte», y lo que simbólicamente se atribuye a muro, corresponde realmente a muerte.

La muerte se objetiviza en muro, y a medida que transcurre el poema el muro va dejando sus atributos propios para adquirir los correspondientes a su simbolizado, culminando así la imagen recíproca que da unidad al poema.

UNIDAD PRAGMÁTICA

La unidad del poema puede verificarse también desde una perspectiva pragmática, es decir, en la relación que el autor establece con su obra, y por medio de indicios lingüísticos, como los índices de persona, o los verbos.

En «Muerte a lo lejos» el poeta reflexiona, sin dirigirse en ningún momento a un destinatario del mensaje. Sólo al final habla directamente a la *justa fatalidad*, sin salirse del propio mensaje. Por ello el soneto puede interpretarse dentro de la función expresiva del lenguaje, que se mantiene a lo largo de todo él.

Por otra parte, la reflexión, aunque limitada a la experiencia del poeta y a su decisión personal respecto a la muerte, alcanza valor general, puede servir como norma a los humanos, y en este sentido el soneto puede interpretarse dentro de la función apelativa, o, más concretamente, de la conativa, a pesar de que no hay signos lingüísticos propios de esta función, como podrían ser verbos en imperativo, o en subjuntivo.

El problema que expone se le plantea al poeta como hombre, no como poeta. Si hubiese revisado cuestiones de oficio —poeta— o de convivencia de la persona —aspecto social—, el ámbito de validez quedaría limitado o matizado (sólo para poetas; sólo para el hombre como ser social), pero el problema afecta al hombre como tal, como ser destinado a la muerte, y por eso, de la reflexión individual puede pasar a una norma universal. Es lo que observamos a través de indicios lingüísticos claros: hay un verbo en primera persona, y es un verbo de lengua *(diré)*, y uno en segunda *(embiste)*, referido metafóricamente a la muerte, todos los demás van en tercera persona y oscilan en sus referencias objetivas desde la persona del Sujeto emisor del mensaje hasta una generalización: *me angustia, mi futuro, va a imponerme*, remiten al poeta; *tenderse deberá la mano, lo urgente es el maduro fruto*, remiten a un Sujeto general, mucho más amplio que si dijese: tenderse deberá *mi* mano, o lo urgente es *mi* maduro fruto, o lo urgente *para mí* es el maduro fruto...

Por estas referencias generales y por su validez como norma de conducta, creemos que el poema cabe dentro del lenguaje conativo, es decir, en el uso que se hace del lenguaje para convencer o conducir la acción de los demás.

No resulta tan evidente esta función como la encontramos en otros sonetos, por ejemplo, los numerosos que en la época clásica dan consejos sobre la urgencia de aprovechar la juventud y la belleza, es decir, los que desarrollan el tema del *carpe diem (En tanto que de rosa y azucena; Ilustre y hermosísima María; Mientras por competir con tu cabello*, etc.), en los que el poeta usa formas de imperativo, incluso reiteradamente, para expresar el consejo: coged; goza; goza; goza.

El consejo o norma de «Muerte a lo lejos» no deriva de la expresión, ya que el único imperativo no se dirige al lector, sino a la fatalidad e indirectamente a la muerte, que se personifica (o animaliza). La función conativa, si la cumple, procede de la validez del poema como argumento y discurso ante la muerte de cualquier humano, a través de distintas fases:

a) enuncia un hecho (siento, a veces, angustia)
b) expone la causa (porque la muerte está acechando)

c) hay que tomar una actitud

1) en el presente: no urge sino la obra
2) en el futuro: aceptaré la muerte

Los puntos *a)* y *b)* afectan a todos los hombres como mortales que son, el punto *c)* es una actitud voluntaria (de ahí su valor como consejo a seguir o no), en su totalidad o en parte, que pueden aceptar todos o algunos, ya que a nadie concreto se dirige.

La actitud del autor no es de consejo, él mantiene a lo largo del soneto la función expresiva: dice lo que le ocurre y lo que piensa hacer. El que su actitud sirva de modelo o no para otros queda al margen de su intencionalidad expresa.

La metáfora muerte=muro remite, como hemos afirmado, a la visión que el poeta tiene de la muerte como límite de la actividad, del trabajo. Las metáforas que usa Garcilaso o Góngora en los sonetos citados remiten también a su visión de la vida. La actitud del autor ante su poema exige unos presupuestos vitales, filosóficos, científicos, etc., para explicar su contenido y entenderlo, y está claro que no son los mismos en los sonetos de Garcilaso o Góngora que en Guillén.

Guillén enfoca el tema del paso del tiempo desde una actitud que presupone una valoración del trabajo, de la obra: el tiempo pasará, vendrá inevitable la muerte y se dejará un fruto; conviene despejar de angustia el presente, descortezar el fruto y dejar para el futuro la aceptación de la muerte.

El poeta renacentista o barroco enfoca el tema del *carpe diem* desde una presuposición distinta: su deseo de vivir la vida o su desengaño ante la belleza caduca.

El foco es también diferente en ambos casos: Guillén argumenta para salvar un presente de trabajo; los poetas clásicos argumentan sobre la belleza femenina en un desfile de colores (cabellos rubios, blanca frente, rojos labios, cuello de cristal luciente) que se transforman por el paso del tiempo. A unos les preocupa la pérdida de la belleza y del tiempo de gozar, a otro le preocupa la pérdida del tiempo de creación.

Hay aún otra presuposición más profunda en el poema de Guillén: se limita la vida al tiempo anterior a la muerte física. Para poner de relieve esta presuposición, basta poner en relación su soneto con la glosa de Santa Teresa «Vivo sin vivir en mí y tan alta vida espero / que muero porque no muero».

Suelen estudiarse también como indicios que remiten al autor los adjetivos. En «Muerte a lo lejos» no hay muchos: *arrabal final, maduro fruto, día más triste, inminente poder, justa fatalidad, muro cano*, y son poco significativos desde una consideración pragmática. Podemos, basándonos en ellos, afirmar que Guillén ve la muerte como triste, inevitable, pero justa. Desde una perspectiva semiótica el adjetivo más interesante parece *cano*, ya que supone una visión de la muerte como ser animado. Denotativamente cano remite a «blanco», connotativamente remite a «humano» (o a animal, *lobo cano* llama Valle Inclán a don Juan Manuel Montenegro). El uso del verbo en primera persona *(diré)* implica un TU virtualmente presente *(embiste, tú)*, y a continuación se usa *muro cano* como expresión de que muro deja de ser cosa (pared) o concepto simbolizado (muerte) para convertirse en algo animado, que tiene poder,

que puede embestir, que impone sus leyes, que es
viejo y con canas.

Nos parece que más que los adjetivos resultan
significantes los verbos que usa Guillén. Una serie
de cuatro, con connotaciones negativas, abren el
soneto:

> una certeza me *angustia*
> mi futuro se *estremece* ante mí
> un muro *acecha* a mi futuro
> la luz del campo *tropieza* en ese muro

cuatro verbos: angustiar, estremecer, acechar, tropezar, que inciden de una forma u otra sobre el autor,
pero sin el concurso de su voluntad.

Siguen en el razonamiento una serie de verbos
poco significantes, neutros:

> *habrá* tristeza
> no *hay* apuro
> lo urgente *es* el maduro fruto

que llevan a la última parte del soneto en la que
los verbos, además de la forma de futuro o de perífrasis de obligación en que se manifiestan, tienen
un significado muy marcado: *deber, tenderse, acatar,
embestir, imponer*. No es necesario hacer notar que
el sujeto de *deber, tenderse* y *acatar* es el hombre
(aunque gramaticalmente no se exprese), y el de *embestir* e *imponer* es la muerte.

Entre todos estos verbos hay uno que va en primera persona, el único cuyo sujeto gramatical es el
YO del autor, y expresa la única acción voluntaria
que se le permite ante la muerte: *diré sin lágrimas*.

La unidad del poema descansa también en la actitud del poeta ante su obra. Una actitud que no
cambia a lo largo de los 14 versos. El que se pueda admitir otra lectura (en la función conativa)

es ya cuestión de interpretación por parte de los lectores y no implica cambio de actitud en el autor. Esa actitud se manifiesta en todos los indicios que hemos ido analizando.

Podrían estudiarse otros recursos que diesen testimonio más amplio de la unidad de «Muerte a lo lejos», quizá con ocasión de otro homenaje a don Jorge nos decidiremos a hacerlo.

cupsa/universidad

1. María del Carmen Bobes (Universidad de Santiago):
   Gramática de «Cántico» (2.ª edición)

2. Manuel Alvar (Universidad Complutense de Madrid):
   Teoría lingüística de las regiones

3. Joaquín González Muela (Bryn Mawr College):
   Gramática de la poesía

4. María del Pilar Palomo (Universidad de Málaga):
   La novela cortesana (Forma y estructura)

5. María Grazia Profeti (Universidad de Padua):
   Paradigma y desviación

6. David Bary (Universidad Complutense):
   Larrea: Poesía y transfiguración

7. Carlos Feal Deibe (Universidad de Buffalo. Nueva York):
   Unamuno: El Otro y Don Juan

8. María Jesús Fernández Leborans (Curso superior
   de Filología. Málaga):
   Campo semántico y connotación

9. María Casas de Faunce (Universidad de Puerto Rico):
   La novela picaresca latinoamericana

10. Humberto López Morales (Universidad de Puerto Rico):
    Sociolingüística, dialectología y gramática generativa

11. Carlos Alvar (Academia de Buenas Letras. Barcelona):
    La poesía trovadoresca en España y Portugal

12. Hernán Urrutia Cárdenas (Universidad de Deusto):
    Lengua y discurso en la creación léxica

13. Vicente Granados (Curso superior de Filología. Málaga):
    La poesía de Vicente Aleixandre

14. Joaquina Canoa (Universidad de Oviedo):
    Semiología de las Comedias bárbaras

15. Agustín Vera Luján (Universidad de Málaga):
    Análisis semiológico de «Muertes de perro»

16. María Jesús Fernández Leborans (Curso superior
    de Filología. Málaga):
    Luz y oscuridad en la mística española

17. Ignacio Elizalde (Universidad de Deusto):
    Temas y tendencias del teatro actual

hispánicos universales

1. Miguel de Cervantes: **Don Quijote de la Mancha** (3.ª edición, introducción, notas e índices de Martín de Riquer).

2. Fray Luis de León: **Poesías** (3.ª edición; edición, introducción y notas del P. Angel Custodio Vega).

3. Francisco de Quevedo: **Poemas metafísicos y amorosos** (2.ª Edición, introducción y notas de José Manuel Blecua)

4. Anónimo: **Lazarillo de Tormes** (Edición, introducción y notas de Francisco Rico).

5. Lope de Vega: **Rimas de Tomé de Burguillos** (Edición, introducción y notas de José Manuel Blecua).

6. Fernando de Rojas: **La Celestina** (Edición, introducción y notas de Humberto López Morales).

7. Camilo José Cela: **La familia de Pascual Duarte** (Edición, introducción y notas de Jorge Urrutia).

8. **Poesía modernista española** (Edición, introducción y notas de Ignacio Prat).

9. **Cantar de Mio Cid** (Edición, introducción, notas y glosario de Miguel Garci-Gómez).

10. G. A. Bécquer: **Libro de los gorriones** (Edición, introducción y notas de María del Pilar Palomo).

11. **Antología de la Generación del 27** (Edición, introducción y notas de Joaquim Marco).

12. Miguel Hernández: **El hombre acecha** y **Cancionero y Romancero de ausencias** (Edición, introducción y notas de Leopoldo de Luis y Jorge Urrutia).

13. Juan de Zabaleta: **Día de fiesta por la tarde** (Edición, introducción y notas de J. M. Díez Borque).

14. **Poesía española medieval (Antología)** (Edición, introducción, notas y vocabulario de Manuel Alvar).

15. A. Martínez de Toledo: **Arcipreste de Talavera** (Edición, introducción, notas y glosario de Alicia Yllera).

16. Lope de Vega: **Fuente Ovejuna** (Edición, introducción y notas de María Grazia Profeti).

grandes narradores

1. José Eustasio Rivera:
   La vorágine (Preliminar de Jordi Estrada)

2. Boris Pilniak:
   El año desnudo (Preliminar de Augusto Vidal)

3. Manuel Mujica Láinez:
   Bomarzo (Preliminar de Marcos-Ricardo Barnatán)

4. Kateb Yacine:
   Nedjma (Preliminar de Antonio Prieto)

5. Laurence Sterne:
   Tristam Shandy (Preliminar de Víctor Sklovski)

6. Jean Genet (2.ª edición):
   Diario del ladrón (Preliminar de Jorge Urrutia)

7. Hermann Hesse (4.ª edición):
   Rastro de un sueño (Preliminar de José María Carandell)

8. Juan Perucho:
   Libro de caballerías (Preliminar de Antonio Prieto)

9. Chateaubriand:
   Vida de Rancé (Preliminar de Carlos Pujol)

10. Didier Decoin:
    Un extraño policeman (Preliminar de Luis Alberto de Cuenca)

11. Didier Martin:
    Erase que sería (Preliminar de Alicia Yllera)

12. Octave Mirbeau:
    El jardín de los suplicios (Preliminar de Luis Antonio de Villena)

13. Juan Gil-Albert:
    Retrato oval (Preliminar de Luis Antonio de Villena)